HAIR SALON

コンセプトの作り方から資金調達、店舗デザイン、集客まで

最新 失敗しない美容室開業BOOK

㈱ビューティガレージ　サロン開業経営相談室｜著

日本実業出版社

はじめに

美容室開業の成功には、「技術者」から「起業家」への進化が必須条件

「美容師」という仕事は、美容技術を通してその人の魅力を高め、幸せな気持ちにすることができる素晴らしい職業です。そして、日本の美容師さんのホスピタリティとその技術レベルの高さは、世界一だとも思います。日本の女性達が外国の方からきれいだとか、お洒落だと褒められている立役者こそが、日本のレベルの高い美容師さんなのです。

そんな日本の美容師さんの大多数の夢は、「いつかは自分の店を持つこと」ですね。厳しいアシスタント時代を乗り越え、スタイリストとしての実績を積み上げて、自分のお客様を持つようになったのちには、多くの方が独立を考えます。たしかに、自分好みのおしゃれな内装のサロンで、スタッフを雇用して采配をふるい、自分の思い描くスタイル提案を行なっていく美容室経営とは、とても夢があり素晴らしいことだと思います。一方で、〝雇われ美容師〟のままだと、十分な収入が期待できないという現状も、美容師さんの将来の独立志向に拍車をかけているようです。

しかしながら、日本の美容室経営を取り巻く環境は大きく変化しています。長引く不況による消費意識の低迷に加えて、「美容室はオーバーストア」と呼ばれて久しい今日においては、非常に厳しい競合環境の中での経営を余儀なくされています。新規出店ラッシュの陰で、年間約1万店もの美容室が閉店・廃業に追い込まれているのです。

そうしたなか、美容師さんの独立の方法も多様化してきています。雇用ではなく、業務受託として働くスタイル、シェアサロンを活用することでフリーランスとして働くスタイル、美容室モールで小さく独立するスタイル、店舗リースで開業するスタイル等の新しい独立形態が、急激に増加しているのです。

もう自分で多額の投資をして店舗を構えるだけが独立の手段ではないことにも留意するべきでしょう。これからの美容室開業者は、「技術者」から「起業家」に進化することが〝絶対に〟必要です。

素晴らしい技術と自分を指名してくれるお客様の数は、成功に向けた必要条件ではあっても、十分条件にはならないのです。将来ビジョンを持ち、会計やITもしっかり学んでいくという、起業家としては当たり前の意識改革が必須といえるでしょう。

独立にあたっては、事業計画書作りなどのしっかりとした事前準備と、他店と差別化できる独自のコンセプトなしでは、もはや開業の成功は望めない時代です。厳しい時代ゆえの「失敗しない美容室作り」が、非常に重要になっているのです。


弊社では、「SALONスターター」という開業情報発信サイトの運営と、開業指南役となるコンシェルジュスタッフを通して、長年にわたり美容師さんの独立支援、開業支援事業を行なってきました。年間600店舗を超える美容室の新規開業のお手伝いをしていくなかで、数多くの成功事例を生み出してきたと自負しています。

本書は、おかげさまでご好評いただいていた『失敗しない美容室開業BOOK』(2014年発行)を大幅に改訂したものです。ここ数年で激変した美容室業界における開業方法や販促ツールの活用法など、いま役立つ最新情報を余すことなく盛り込みました。先輩方の成功実例から、具体的な開業準備の手順・方法まで詳細に公開していますので、やや難しく面倒な部分もあるかもしれませんが隅々までしっかり読んでいただいて、ぜひとも明るい未来のあるサロン経営を実現してください。

本書が、あなたの美容室開業を成功に導く一助になることを心より願っております。

2020年2月

株式会社ビューティガレージ　代表取締役CEO・野村 秀輝

CONTENTS

第2章 はじめにやることはサロンコンセプトメイキング

第3章 儲かる店には欠かせない事業計画書の作り方

第4章

お金がなければ始まらない美容室の資金調達方法

第5章

美容室のイメージを決める物件選定と店舗設計デザイン

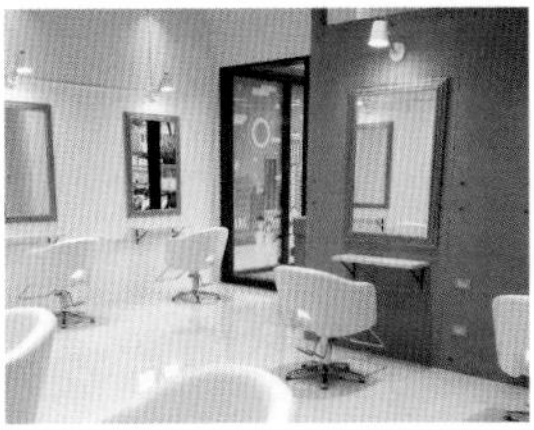

HAIR SALON

第6章

求める人材を見つけ・見極めるスタッフ採用のポイント

第7章

開業手続きと美容室の運営管理

「SALONスターター」からLINE友だち登録で閲覧・ダウンロードできる情報

DOWNLOAD

Webでチェック!

Cover Design●伊藤礼二（T-borne）
本文デザイン・DTP●関根康弘（T-borne）
Illustration●やのひろこ

Prologue

実例紹介! 成功するコンセプトデザイン&販促ツール

美容室開業を成功させ、繁盛させるための秘訣はどこにあるのでしょうか?
人気店となった先輩オーナーの経験談やサロンコンセプト・店舗デザインの考え方、
集客のための販促ツールの使い方の実例を見て成功ノウハウを自分のものにしましょう!

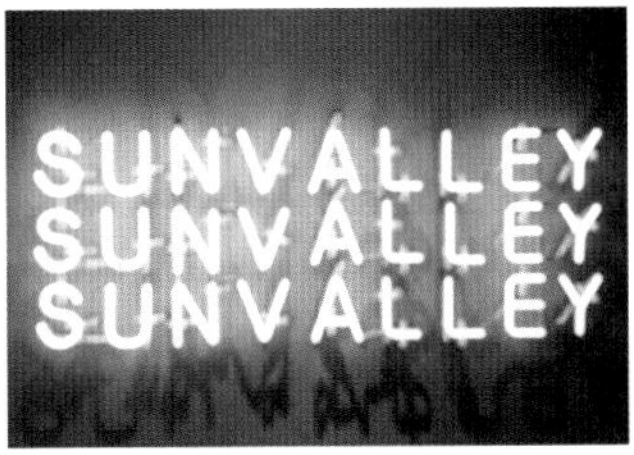

SUNVALLEY（サンバレー） | 東京都港区

トップサロンのレジェンド2人が共同経営で独立

シンプルデザインにアート作品を際立たせた空間で、
上質な時間を過ごせるサロン。

地下とは思えない自然光あふれる洗練されたカットスペース。

PLAN

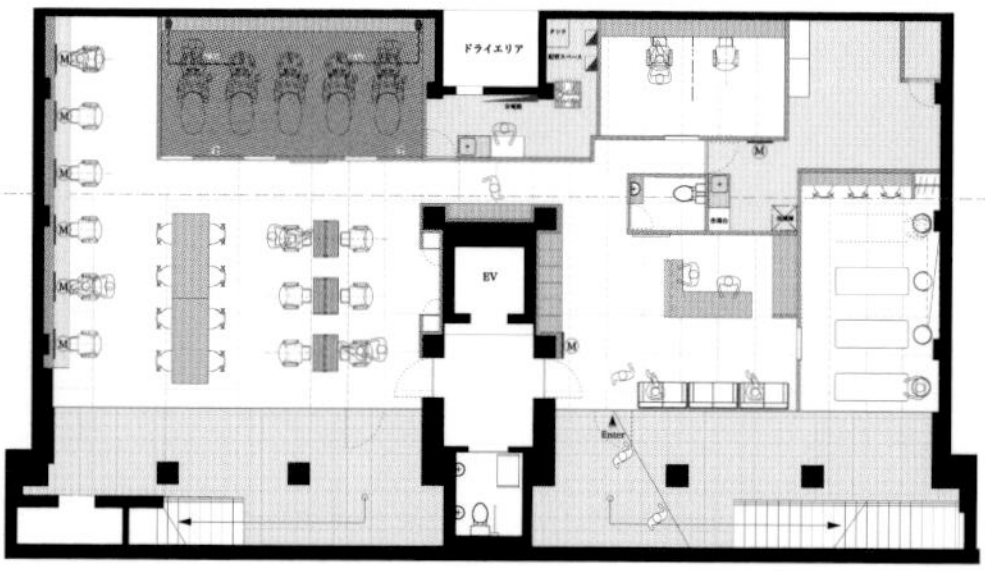

Salon Concept

上質な大人に向けた美容室

店名の由来は、共同代表を務める朝日氏のSUN（日）と渋谷氏のVALLEY（谷）の組み合わせ。

メインターゲットとなる「上質なサービスを求める30代以上の大人の女性」を満足させるため、サロンとしての組織力の向上、スタッフの個を活かせる環境作りをテーマとしている。

↖店内の至る箇所にアートを展示。
↑レセプションにはオリジナルのネオンサインが光る。
→段差がないバリアフリーのシャンプースペース。

有名サロン「エアー（air）」で人気美容師だった朝日光輝、渋谷謙太郎の両氏が2018年5月に共同代表として「サンバレー」をオープン。サロンは表参道駅近く、周囲はハイブランドが立ち並ぶ場所だ。

好立地で賑やかな土地柄だが、サロンは地下にあり外部の視線が気にならない静かな環境を確保している。地下だがドライエリアから注ぐ自然光でサロン内は明るい。

店内はシンプルデザインを基調とするが、飾られたアート作品がギャラリーのような上質な空間を演出。目線より上には物を置かず、すっきりとした印象を与えている。一般のサロンでは当たり前に並べられている店販商品も、サンバレーでは見当たらない。また、高級感と安心感を提供するため、エントランスはもちろん全てのスペースをバリアフリーで設計。「上質な大人に向けた美容室」というコンセプトを体現する工夫が随所に施されている。

Message

SUN VALLEY

サンバレー代表
朝日光輝

サンバレー代表
渋谷謙太郎

私たちは長年、同じ職場で過ごしお互いを理解していたので、開業してこれまで意見が食い違うことはほとんどありません。共同経営では信頼関係はもちろん、お互いの短所を理解して補完し合えるかが重要です。

独立する際にエアーのオーナーとじっくり話し合い、グループの会社として独立することに。モメて独立するケースも多い業界ですが、それでは後進に夢を見せられないでしょう。若い人たちに夢を見せることは私たちの責任だと思っています。

SHOP DATA

スタッフ数／スタイリスト5名・アシスタント9名・レセプション2名
店舗面積／60坪（セット面14面・シャンプー台5台）

SHEA.（シア） | 東京都渋谷区

ヘアデザインを通じて豊かなライフスタイルを提案する

植栽、コスメ、アート、こだわりのアイテムを取り揃えた内観は、美容室を超えたコンテンツストア。

「店内を彩る緑の植栽」「オリジナルのシェルフ」「壁に映る巨大スクリーン」は美容室を超えた空間。

「シア」の代表・坂狩トモタカ氏は、表参道の有名サロン「AnZie（アンジー）」を経て2018年に独立した。サロン名の「SHEA.」は造語で、「SEA（海）」「SHE（彼女）」「SHARE（共有）」「SHEER（透明感）」、そして「幸せ」等の意味が込められている。「美容師として技術があるのは当たり前。ヘアデザインを通してその人のライフスタイルをプロデュースしてはじめて美容師を超えた存在になる」と、坂狩代表はいう。

このビジョンを具現化するため、たとえば内装デザインでは自ら図面を引いて、デザイナーと意見を交わした。オリーブをはじめ数々の植栽や自ら交渉して仕入れたコスメ、友人に頼んではるばる福岡から軽トラックで運び入れたオーダーメイドのシェルフなど、坂狩氏のこだわりがあふれている。セレクトショップさながらの陳列にも、「お客様のライフスタイルを豊かにする」というコンセプトが表れている。

Salon Concept

心地よい暮らしと髪と人

表参道で20～30代女性をメインターゲットに、自分の人生に自信をもっておしゃれに過ごしていただくためのお手伝いをする。お客様１人ひとりに合わせたベストなヘアデザインを提供する。

また、メイクやコスメ、植栽などを絡めてライフスタイルの提案も行なう。

Message

SHEA.

シア
代表
坂狩トモタカ

石橋はよくたたいて渡る。自分の実力を過大評価せず、事実ベースで身の丈にあった計画を立てるべきです。「家賃比率はどのくらいか」「スタッフ1人当たりどの程度売上が見込めるか」など数字なくして計画は立てられません。感覚に頼るのではなく、常に自分の頭で考えましょう。

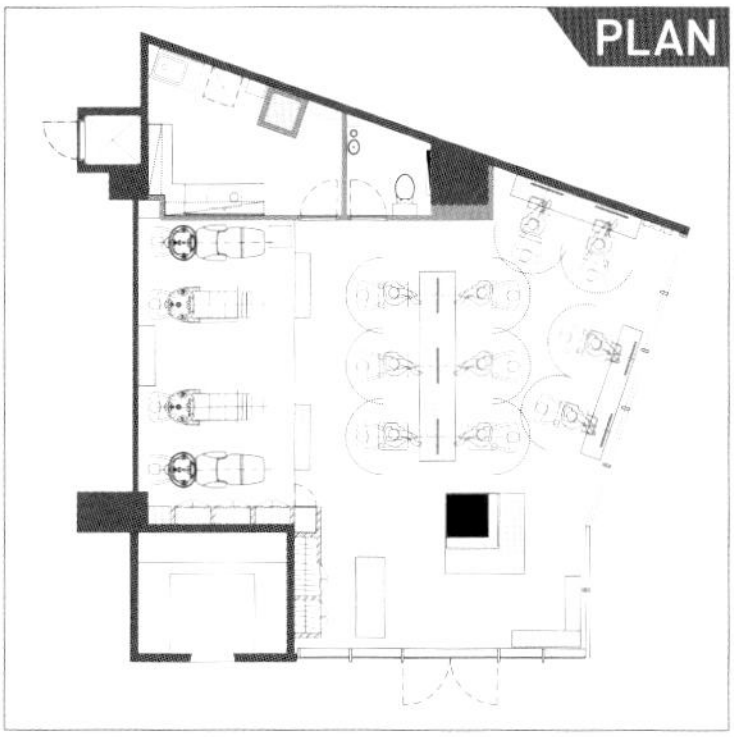

SHOP DATA

スタッフ数／スタイリスト５名・アシスタント５名
店舗面積／30坪（セット面10面・シャンプー台4台）

サロンでの時間を快適に過ごしてもらうため空間の演出にもこだわる。

坂狩氏が自ら仕入れた厳選コスメがおしゃれに並ぶ。

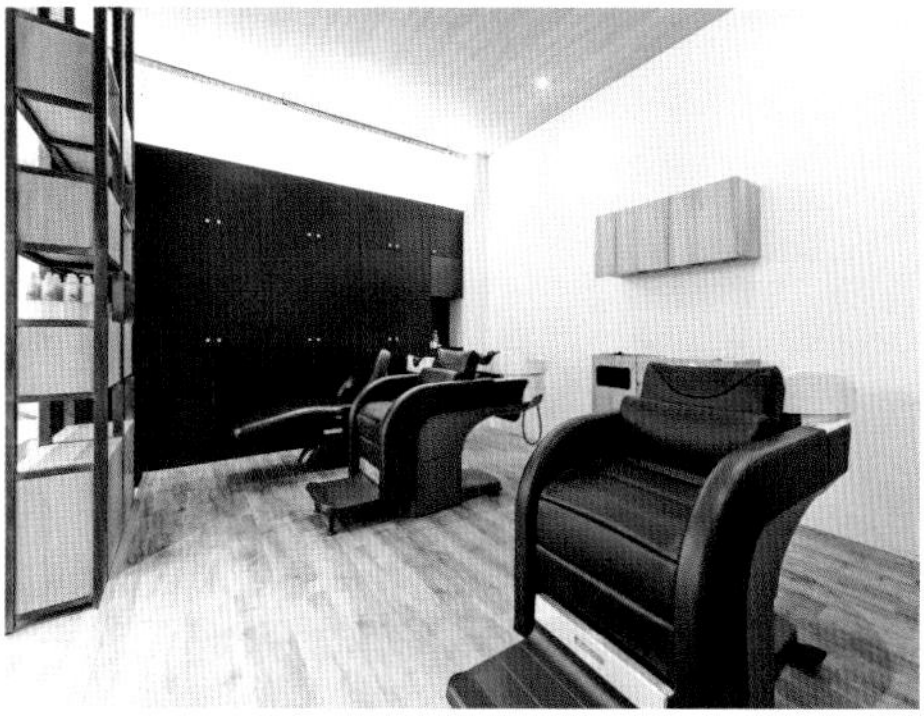

4人並んでも気にならない開放的なシャンプーブース。

CAPH HAIR SALON（カフ ヘアー サロン）｜東京都杉並区

他にはない新しい空間を目指して五感で感じられる美容室を実現

居心地のよい空間とお客様との距離感に
とことんこだわった新感覚の美容室。

大きな窓から心地よい日差しが差し込む。セット面を店内奥に配置し大きな窓からの視線をカット。

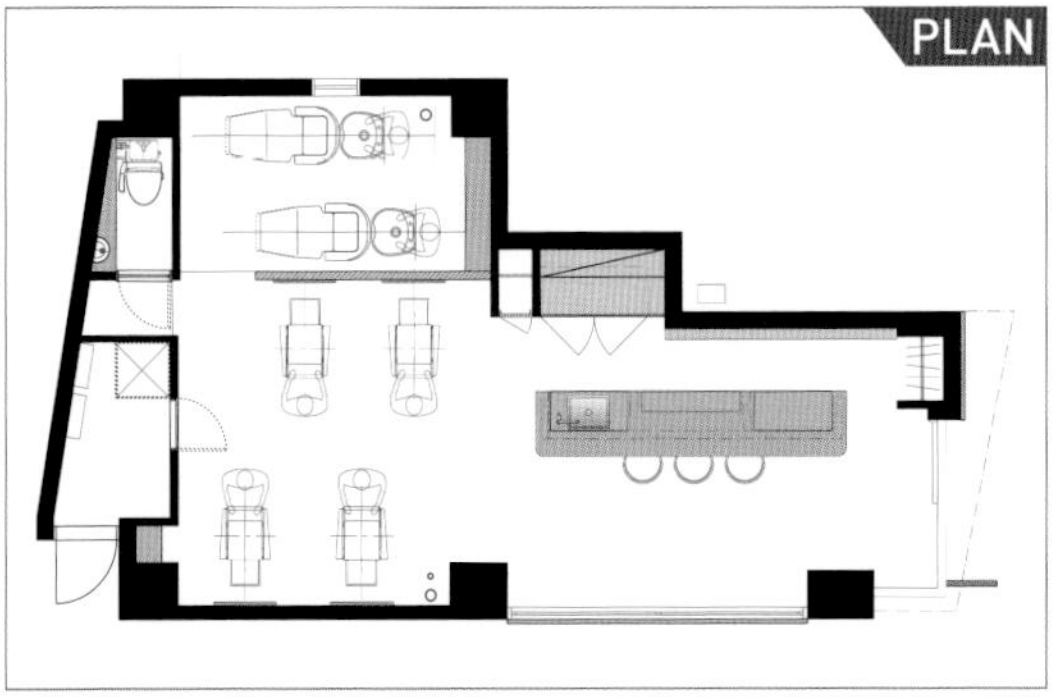

Salon Concept

美容室らしくない空間を提供

昔からの顧客である30〜40代の女性6割・男性4割がメインだが、住宅地にあるため現在はファミリー層も増えてきた。

お客様との距離感を第一に考え、過度な接客はせず、友人の家へ遊びに来るような感覚で、リラックスして来店してもらえるよう心掛けている。

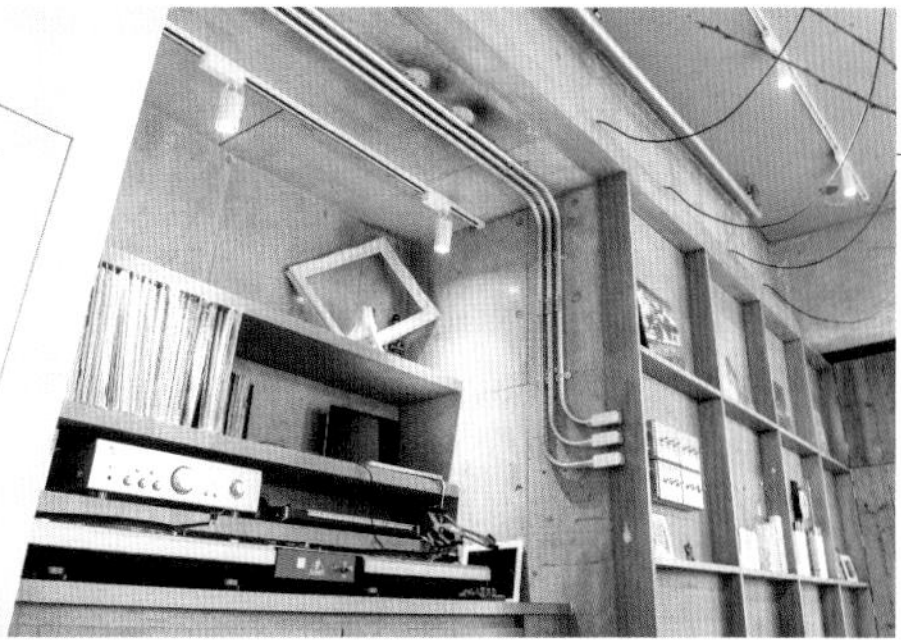

↑受付スペース横にはカウンターを設置。カフェのような雰囲気。
↗音楽好きのオーナーこだわりのレコードプレイヤーを完備。
→シャンプー台は店内奥に設置。店内と区切りを付けて癒しの空間に。

東京・新高円寺にある「カフ ヘアー サロン」は都内の有名店で勤めていた松本肇氏が満を持してオープンしたサロン。入口を入ってすぐにバーカウンター、店内外に多く配置されたグリーンが癒しの空間を演出している。また、店内には有名ジャズクラブでも使用されている本格的な音響システムを完備。アンティークのレコードや絵画が飾られており、「美容室らしくない美容室」といえる。

接客の面では、お客様が本音を話すことができて、要望をしっかり汲み取れるような距離感を大切にしているという。それは、お客様を迎える際に「いらっしゃいませ」ではなく「こんにちは」と迎えることにも表れている。

また、地元の方との付き合いを非常に大切にしており、普段から積極的に挨拶や会話をするのはもちろん、地元の祭にも参加しているという。地元の方が家族や友人を紹介してくれることも多く、広告媒体を使わなくても口コミだけで集客に成功している。

Message

カフ ヘアー サロン
代表
松本肇

立地ではなく、空間にこだわって物件探しをしました。なぜなら、居心地のよい空間をつくれば、確実に集客ができ、売上も立てられるという確信があったからです。

美容室開業はギャンブルではありません。賭けで出店するのではなく、この自分なりの「確信」が大切なことだと感じています。

SHOP DATA

スタッフ数／スタイリスト2名
店舗面積／13.5坪（セット面4面・シャンプー台2台）

Maackia（マーキア）｜東京都中央区

大人の女性がはまる ヘアケアメニュー

パートタイムからサロンオーナーに転身。
女性スタイリストによる、働く女性のための美容室。

事務所物件だったため天井はそのまま利用し費用を削減。大きな窓でひときわ明るい店内。

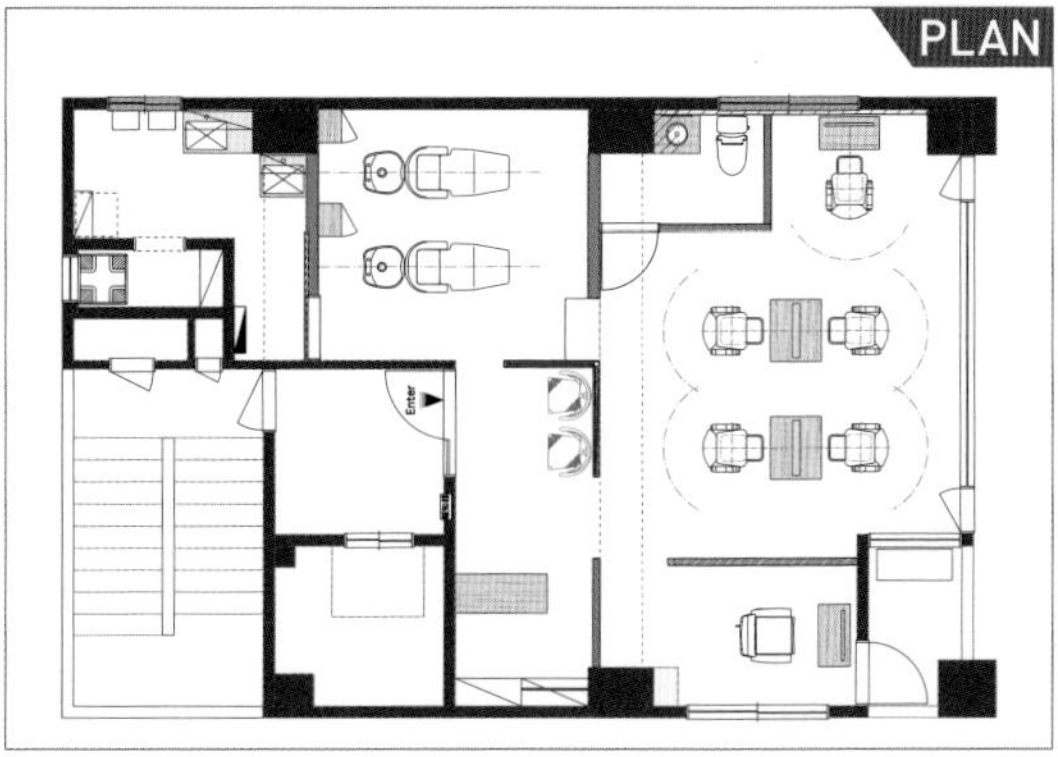

Salon Concept

健康美とリラクゼーション

銀座周辺で経済的に余裕のある40代女性をターゲットに、癒されながらキレイになれる空間を提供。

ヘアケアメニューを充実させたほか、リラクゼーション・エステメニューを取り入れた。

↑限られたスペースの中で窮屈にならないように席を配置。
↗リラクゼーション・エステメニュー用に個室も用意。
→開業準備で一番に決めたのがシャンプー台。

２０１９年2月、日本橋にオープンした「マーキア」。オーナーの松田真理氏はパートタイムのママさん美容師から40代で開業した異色の経歴。スタイリストとして月間売上２００万円を達成したり、カット講師を務めたり、美容師としてのキャリアを着実に築いてきた。結婚、出産を機に、一時サロンワークから身を引いたが、家庭と両立できる範囲でパートタイムとして現場復帰した。

子育てが落ち着いても、フルタイムでの復帰は難しい。一方で、それでも仲間の女性スタイリストの活躍に刺激を受け、彼女たちと一緒に仕事がしたいと思った。そして、出した答えが開業だった。

松田氏には、自分と同じ「働く女性」にヘアケアメニューで健康美、リラクゼーションを提供するという明確なサロンコンセプトとターゲットがあった。コンセプトをもとに集客戦略・立地戦略を決め、持ち前の計数感覚で、現実的な資金計画・収支計画を作成。パートタイムの実績ながら、見事に融資満額を獲得した。開業後は、計画したとおりに、働く40代女性を中心に客数が伸びている。

Message

Maackia
Hair Salon

マーキア
代表
松田真里

事業計画書はとても大事です。最初は「融資のため」と思って作成していましたが、実際にサロンをオープンしたら、計画書の数字通りにお客様が来店してくれています。40代のお客様が多く、ヘアケアメニューやエステメニューも好評です。計画段階で、サロンの方向性を徹底的に考えたことがその後の安定経営に結び付いたと思います。

SHOP DATA

スタッフ数／スタイリスト4名
店舗面積／20坪（セット面6面・シャンプー台2台）

3rd COLOR（サードカラー）｜東京都世田谷区

これからの時代を生き抜く次世代のヘアカラー専門店

今までにない発想のヘアカラー専門店。
カラーの悩みは全て解決し、顧客の信頼を獲得し続ける。

白を基調とした明るい店内。縦長物件を活かしたつくりに。

次世代ヘアカラー専門店として誕生した「サードカラー」。店名に込められた思いは2つあり、「美容室でも理容室でもない、第3のヘアカラーをする場所」。そして「社会生活をする際に必要とされる第3の場所」という3rd placeの意味も兼ねている。

特筆すべきは、悩みを解決するために用意されたヘアカラー薬剤の豊富さ。通常のヘアカラー専門店ではワンカラーがメインであり、多くても3種類ほどだが、サードカラーではオーガニックカラーをベースとしており、その他にノンジアミンカラーや植物性カラー、青みの少ないカラーや艶が際立つカラー等、ニーズに合わせて多種の薬剤をコントロールしている。

全てのスタッフがカラーリストであり、1人ひとりのキャパシティが大きいのも特徴的だ。ヘアカラーの悩みを全て払拭し、質の高いサービスを受けられるオリジナリティで顧客の信頼を得ている。

Salon Concept

「素敵」を日常に

ヘアカラーにこだわりを持つ30・40代の女性がメインターゲット。住宅に隣接する商業地の１階という立地から、買い物帰りの主婦が気軽に来店できる。

ニーズに合わせた独自のパーソナルヘアカラーを展開し、用意された薬剤は11種類以上にも及ぶ。

Message

3rd
COLOR

ダンスル（株）
代表取締役CEO
布野哲也

オープン前には徹底的に事業計画を練りこみました。こだわりを全て達成するにはどうしたらよいか、という点がキーポイントでした。顧客満足度を高めるため、立地や材料にはこだわり、従業員満足度の向上も必ず顧客満足に繋がると考えているので、販管費率は同業態の中では高水準です。

その全てを達成するための手段として、リースサービスを使用したことで安定的な経営状態が続いており、その選択は正しかったと思っています。

SHOP DATA

スタッフ数／カラーリスト14名
店舗面積／20坪（セット面5面・シャンプー台2台）

↑パーソナルスペースに配慮した半個室風の空間。
↖ブロースペースも半個室で周りが気にならない。
←エントランスにはグリーンを配置し入店しやすい雰囲気に。

PLAN

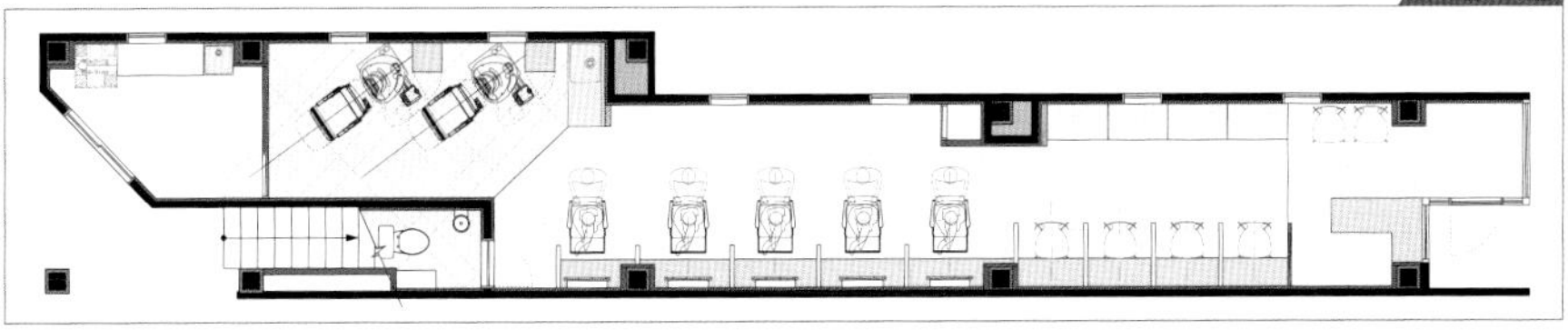

noir hair design（ノワール・ヘアー・デザイン）　福岡市中央区

ダメージケアに特化した髪の毛を綺麗にするサロン

上質な空間で女性オーナーが
最初から最後まで担当してくれるサロン。

窓が多く開放的なセット面の近くには、フルフラットのシャンプーブースも。

福岡の高級住宅街に静かに佇《たたず》む「ノワール・ヘアー・デザイン」は、福岡の有名店を経て独立した女性オーナー須賀美和氏による、髪質改善に特化したサロン。店名の由来は、お客様の髪が黒髪のように綺麗に保つことができる美容室という意味である。こだわりは、「お店に来られたときよりも綺麗な髪の毛になって帰っていただくこと」。

　女性オーナーが最初から最後まで全ての施術を担当するため、女性客の絶大な支持を得ており、リピート客が後を絶たない。お客様のことを第一に考え、全ての施術の前にきめ細かく説明することや、日常的にお客様自身がケアできるようなアドバイスも欠かさない。

　サロンの内装は、お客様が上質な空間を過ごせるように細かく配慮されており、オーナーのこだわりが強く感じられる。

Salon Concept

**髪の毛にダメージを与えず、
綺麗になって帰っていただく**

髪質改善に特化し、女性オーナーが全ての施術をマンツーマンで行なうのが特徴。高級住宅街に立地し、近隣の20代半ば～40代女性がメインターゲットであり顧客全体の95%を占める。

Message

noir hair design

ノワール・ヘアー・デザイン
代表
須賀美和

開業するにあたり、「どんな人に来てほしいか、どんなお店にしていきたいのか」についてイメージすることは大切です。それを踏まえたうえでエリアの選定や物件探し、そして内装デザインなどが重要になってくるので、ブランディングイメージを理解してもらえるデザイナーと出会えれば、きっと良いお店ができると思います。

PLAN

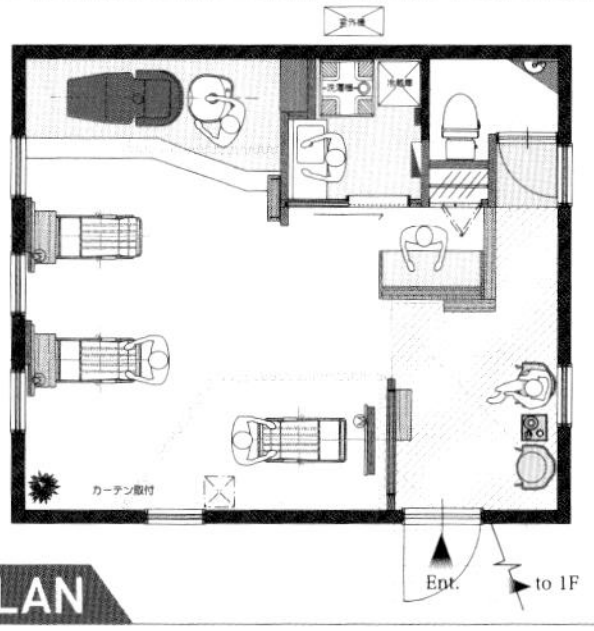

SHOP DATA

スタッフ数／スタイリスト1名
店舗面積／10.24坪（セット面3面・シャンプー台1台）

シンプルな中にも緑が散りばめられたオープンスペース。

細部までこだわりが感じられるレセプション。

清潔感あふれる白を基調とした入口ブース。

Hair & Make TRUTH（ヘア メイクトゥルース） 台北市天母店

ジャパンクオリティで台湾のすべての人をより美しく自然な笑顔にする

日本法人のサービスを
台湾でもそのまま再現するサロン。

↑間接照明とフルフラットシャンプー台で癒しを演出。
→無機質でありながら洗練された印象を与えるカットスペース。

Salon Concept

お客様の笑顔のために全力を尽くす

日本法人と同じコンセプトを掲げ、初の海外進出。ファミリー層をターゲットに、使用薬剤から提供するサービスまで全てをジャパンクオリティにこだわる。

PLAN

コンクリート打ち放しのカットスペースではゴールドのミラー枠が差し色になっている。

「トゥルース」台北・天母《てんむ》店は、日本で50店舗以上のサロンを経営しているトゥルースグループ初の海外出店だ。台北の北部郊外に位置し、日本人も含めた外国人が多く居住する高級住宅街である天母に出店した。サロンの目の前には、地元でも有名な士東市場があり活気にあふれている。

サロンはシンプルでありながら高級感ただようデザインが特徴となっている。また、技術はもちろんだが、来店した全てのお客様におしぼりを出したり、薬剤は全て日本製を使用するなど、徹底的に「ジャパンクオリティ」にこだわっている。

お客様の5割は日本人を含む外国人客だが、残り5割は現地客で、地元でも「ジャパンクオリティ」は高評価。美意識が高まる現地でのニーズに応え、美を切り口に顧客数を伸ばしている。

Message

Hair & Make
TRUTH
Tokyo Japan

ヘア メイク トゥルース
台北市天母店
責任者
林慎也

海外での出店には、日本との違いに気をつける必要があります。日本より時間や納期を守るという意識が薄いので、余裕をもって計画を立てたり、信頼のおける業者に依頼することが大切です。運転資金も日本よりも多めに確保しておく必要があります。

また、情報も不足しがちなので、現地を訪れてライフスタイルを観察したり、出店候補エリアのサロンに行くなど、自分の目で確かめることが重要です。

SHOP DATA

スタッフ数／スタイリスト4名
店舗面積／23坪（セット面8面・シャンプー台4台）

新規客数を アップするツール

➡解説はP76~83へ

新規客数をアップさせるツールとは、お客様が美容室を利用する「きっかけ（入口）」を作るためのものです。ターゲットのお客様に「興味・関心」を持ってもらうために、サロンコンセプト・メニュー・来店特典等をツールを使って案内します。

ホームページ

ホームページはサロンのオフィシャル情報を発信するツールです。全てのサロンが画一的に配置されるポータルサイトでは、他サロンとの差別化やコンセプトが伝えにくくなってしまいます。サロンが伝えたい情報を、適切なターゲットに伝えるためには、オリジナルのホームページを作ることが大切です。

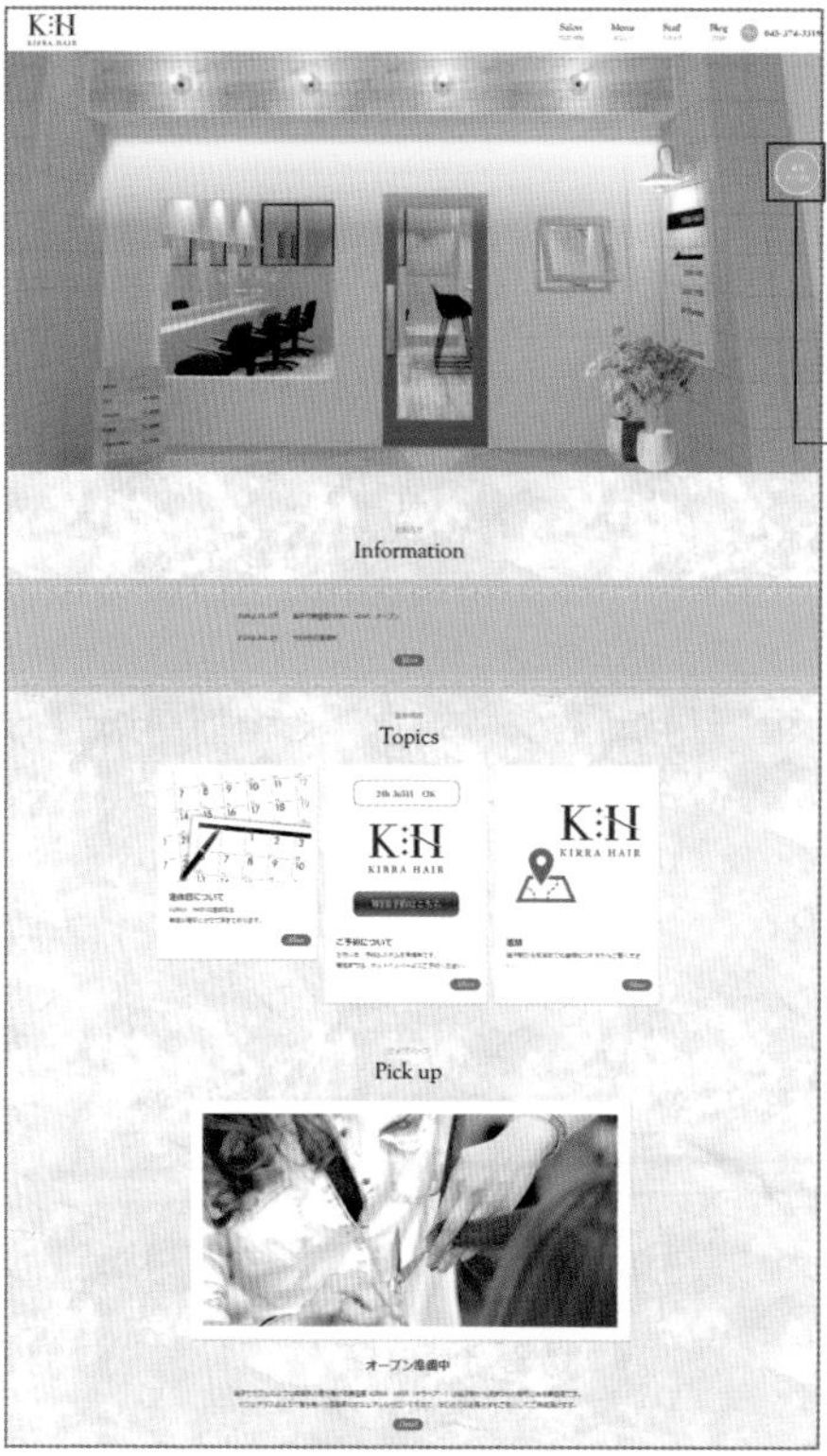

■パソコンサイト

サイト内のどのページを開いても閲覧者が迷うことがないように、ナビゲーションを設けてクリックしやすいページ作りを意識しましょう。

←ご予約までの導線をスムーズにすることが大切。ページ内でスクロールしても、「ご予約」のアイコンを目につく場所に表示させるよう配慮。

■スマホサイト

多くの方が、パソコンよりもスマートフォンで情報収集をしています。スマホファーストを意識して、見やすいホームページを作成しましょう。

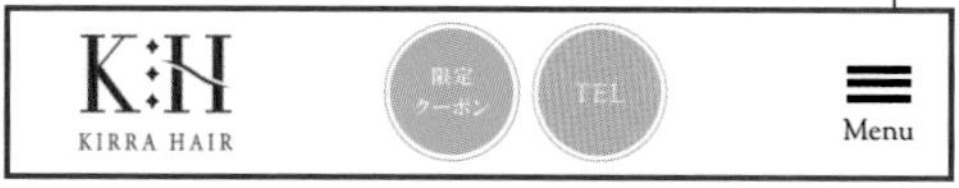

↑見やすさだけではなく、1クリックで電話をかけられたり、予約までの導線をスムーズにするなどの使いやすさを意識してページ内の要素を配置。

SNS ソーシャルメディア

友人の紹介や口コミなどの来店動機も根強くありますが、お客様がネット検索でサロンを調べて来店するケースも当たり前になっています。ホームページやポータルサイトを利用するだけでなく、グーグルマイビジネスやインスタグラムなどでも、サロンの魅力を伝えましょう。

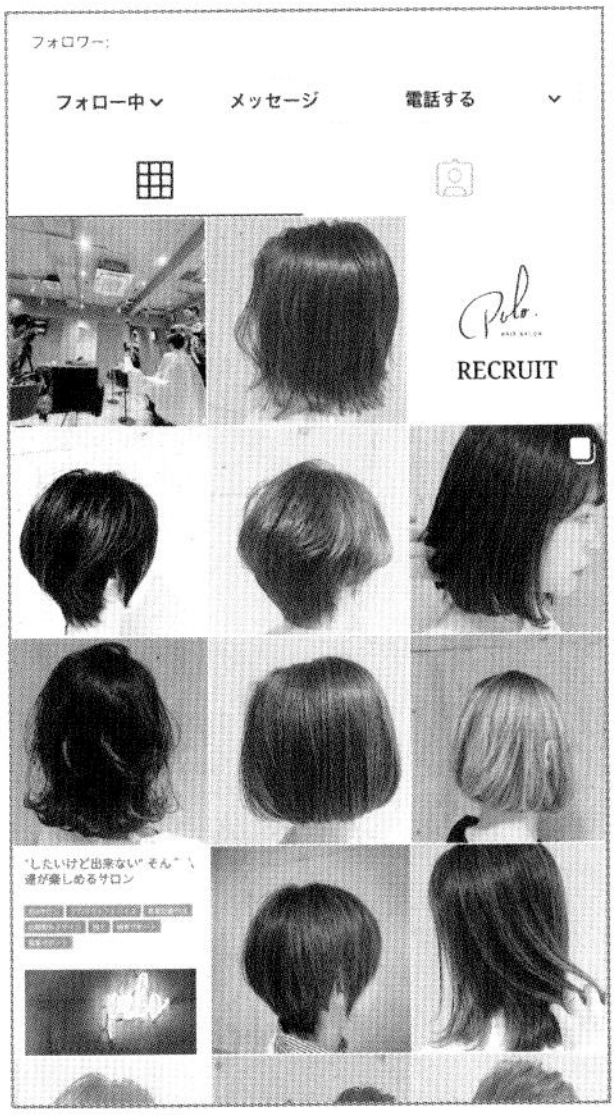

■インスタグラム

インスタグラムでヘアスタイルやカラーのイメージ、サロンの情報収集をする人も多くなりました。インスタグラムのフィードは、ヘアカタログのように見ることができるので、サロンコンセプトやターゲットにしっかりとサロンの売りをアピールできる写真をアップするようにしましょう。

■Google マイ ビジネス

グーグルマイビジネスに登録すると、グーグルの検索結果やグーグルマップなどのグーグルサービスを利用した際に、無料でサロンの情報を掲載することができます。サービスメニューや料金なども掲載できます。

「エリア+美容室」で検索

検索結果からサロン名をクリックすると、口コミやサロンの最新情報など顧客の店舗選びに役立つ情報が表示される。

「エリア+サロン名」で検索

営業時間や定休日が表示される。

道案内ウェブサイトへの誘導が可能。

新聞折込みやハンディング等で幅広く配布し、美容室に「興味・関心」を持ってもらうためのツール。お客様１人ひとりに配布するものです。

チラシ

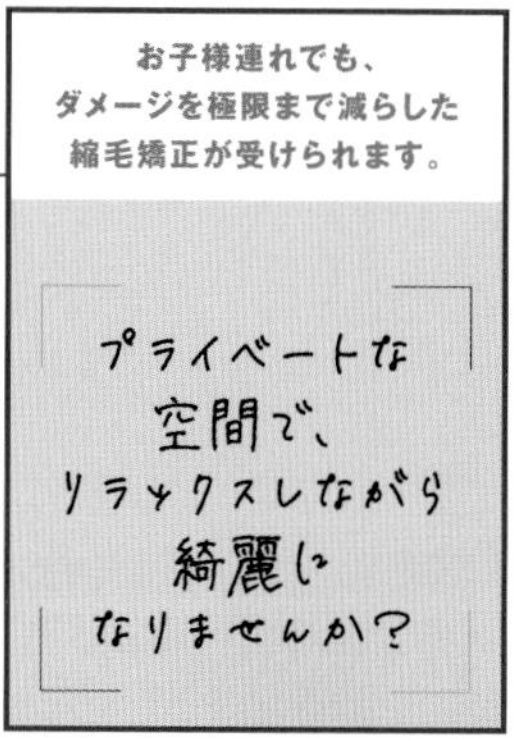

←縮毛矯正は時間がかかるメニューなので、小さな子供連れのお客様は敬遠しがち。プライベート空間だからこそ、他のお客様の目を気にすることなく、施術が受けられることをアピール。

←サロンの特徴を打ち出したメニューをキャンペーンにすることで、サロンの良さを実感してもらえるきっかけにする。

施術のビフォーアフターを出すことで、見た目の変化を明確にして新しい自分をイメージさせる。

効果をできる限りていねいに説明することで、お客様にベネフィットをわかりやすく伝える。

リーフレット

紙媒体の中でも、とくに情報量の多いツール。3つ折りにすることによりコンパクトにできます。上質な紙を使用すると費用も多くかかります。店前に置かれた立て看板等に設置して自由に持ち帰れるようにするなど、美容室への関心度の高いお客様向けに利用するツールです。

(左) お客様の口コミや、キッズルームなどサロンの特徴を強調。

(中) 一番大きなスペースでサロンの強みや特徴などを漏れなく伝える。

(右) 新規客向けの内容だけではなく、メニュー等に加え、リピーターのメリットも記載。

→サロンの所在地をわかりやすく示した地図や、さらに詳しい情報を得たい人のために、SNSやホームページのQRコードを掲載。

紹介カード

ご来店頂いたお客様に、知人友人やご家族等を紹介してもらうために使ってもらうツール。来店特典を付けることで、紹介カードを渡す側は渡しやすく、受け取る側は受け取りやすくなります。

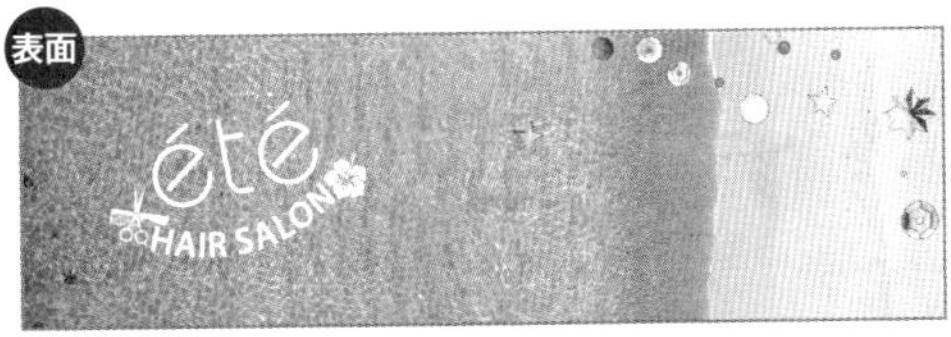

↑サロンを知らない人にもお店のコンセプト、イメージが伝わるように海や貝のイラストで表現した例。しおりとしても使えるようになっている。

→ご紹介者と来店者ともにメリットがあり、よりご紹介しやすくなるような特典を設ける。

リピート客数をアップするツール

➡解説はP84~89へ

リピート客数をアップさせるためのツールとは、来店経験のあるお客様に、再度、美容室の利用を促すためのものです。美容室から来店時期をお知らせしたり、リピート特典を設けたり、ツールを活用して積極的に再来店を促していきます。

予約システム POSシステム

顧客管理システムや予約システムでは、お客様に直接DM（ダイレクトメッセージ）を送れたり、アプリでプッシュ通知を送ることが可能なシステムもあります。来店周期を計算してメッセージを送信することで失客防止につながります。

アプリ表示画面

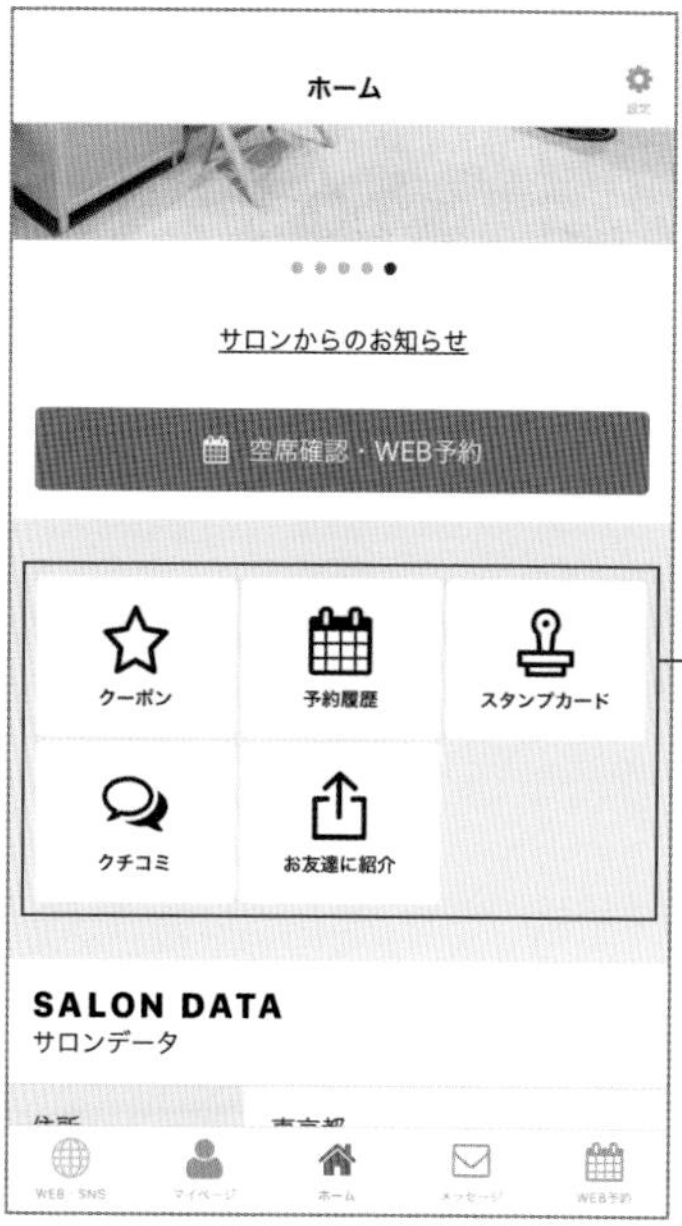

常連のお客様への特典として、「スタンプカード」「お友達に紹介」などのツールを設けることで、サロンのファンになってもらう。開業当初からお客様の囲い込みを意識し、オープン時からの導入が重要。

しばらく来店していないお客様にプッシュ通知でクーポンを送れるので失客予防になる。

アプリ内のスタンプカード

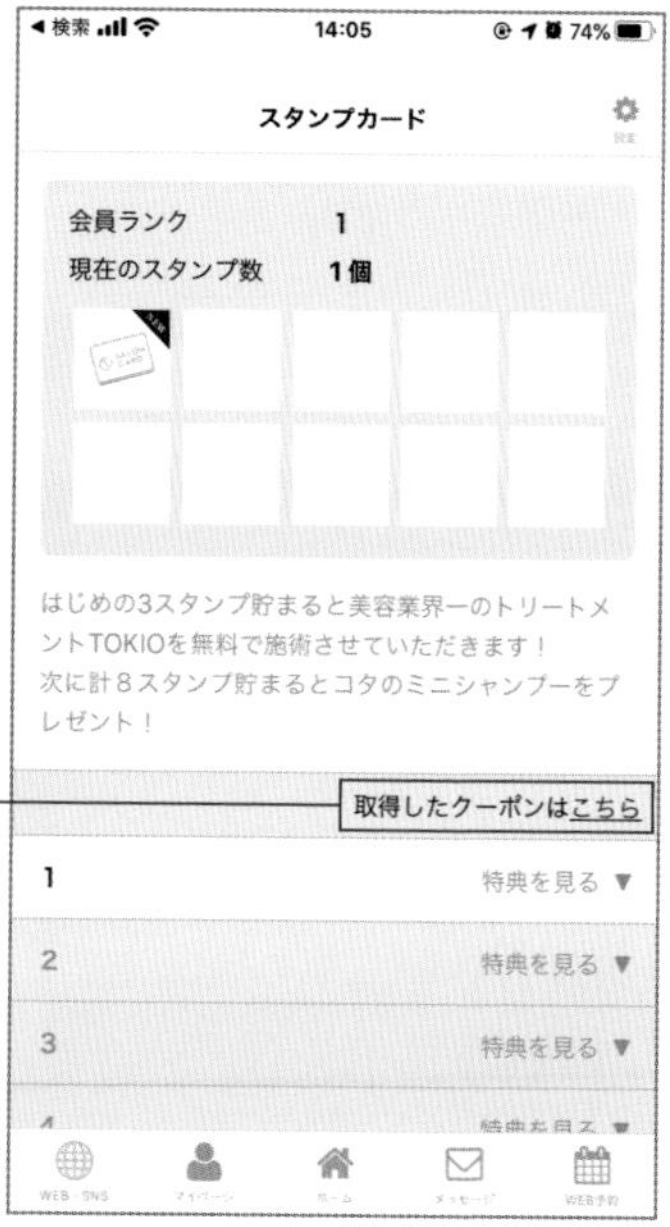

ステップアップカード

ステップアップカードは来店を重ねるごとにポイントや特典が付与され、リピートを促進するためのもの。会員カードと一体となっているタイプが主流です。

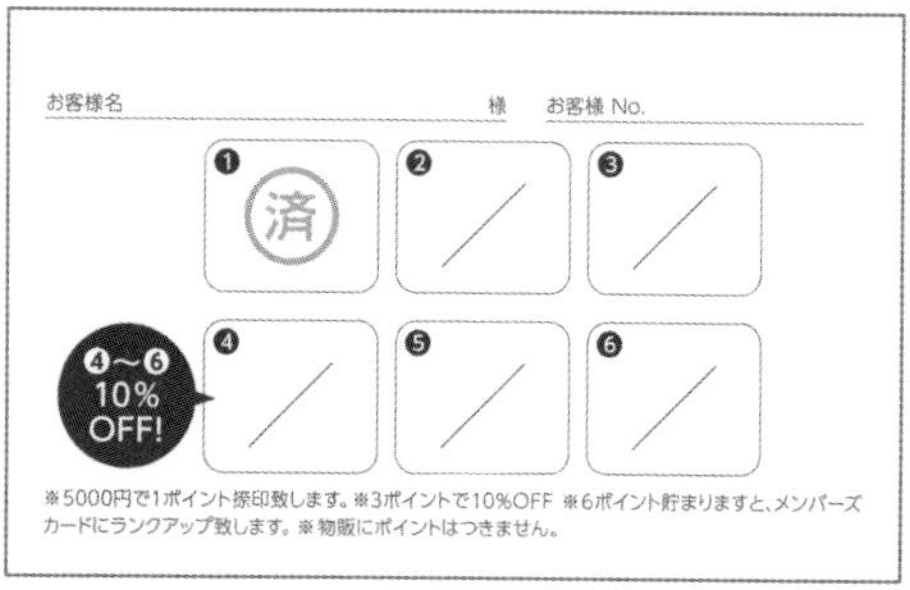

←一般的に、3回来店すると固定客になるといわれている。まずは、3回来店してもらえるように、来店に応じた特典を付け、常連客になってもらうようなしくみを考える。

DM ポストカード

DM（ダイレクトメール）・ポストカードは、来店したお客様に感謝の気持ちを伝えたり、足が遠のいたお客様に特典の案内をするためなどに作成します。近隣のレストランなど集客が見込めそうな施設に設置してもらい、新規来店・再来店のきっかけを作るツールとしても使用できます。

←サロンのコンセプトやこだわりをていねいに伝えることが大切。施術した写真なども入れて、より具体的にイメージがわくような工夫が必要。

来店サイクルが空いたお客様には特典を書いて郵送することも可能。来店の「きっかけ」を待っているケースもあるので、一度はDMを送付するほうがよい。

フリースペースを設ければ、初来店のお客様に手書きでお礼を書くことでサンキューDMとして活用できる。

会員カード

会員カードは、「美容室にとってあなたはとても大切なお客様です」という意思表示と美容室側がすぐにお客様を識別できるようにするために活用するツールです。

↑予約時にお客様が迷わず連絡しやすいように、店のロゴや店舗情報を漏れなく記載する。

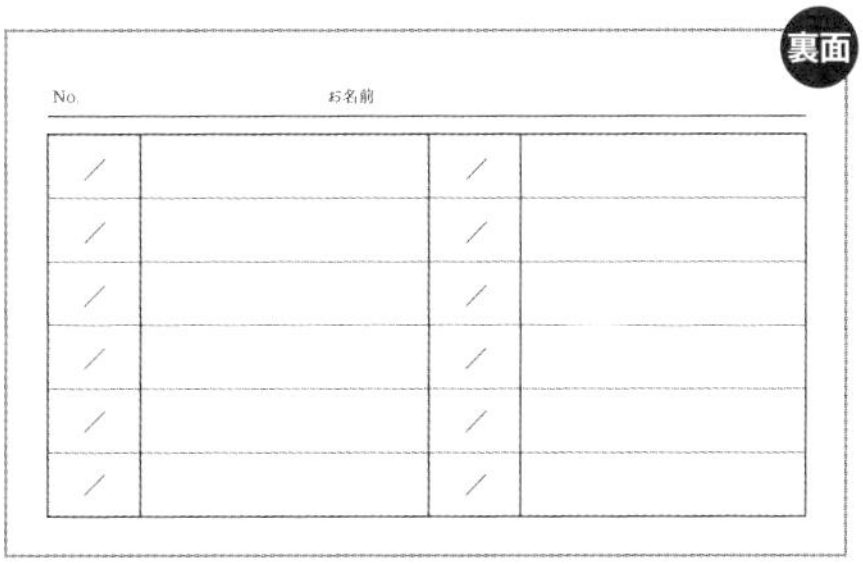

↑来店日時だけでなく、来店時の施術メニューや、ヘアスタイルの特徴などを記入することで使い勝手が向上する。

LINE友だち登録で開業漫画やお役立ちシートをダウンロード

「SALONスターター」でLINE友だち登録すると、開業の流れがわかる漫画や、開業・運営に欠かせない各種の書式シートがダウンロードできます。

「SALONスターター」からLINE友だち登録するとダウンロードできる情報

①「美容室を開業しようと思ったらまずはじめに読む漫画。」
②サロン開業・運営に欠かせない各種の書式・シート（本書の本文で解説している図・写真で右下のアイコン表示のあるもの）

・事業計画書のテンプレート（売上高設定・粗利設定・営業利益設定・月次収支シミュレーション・年次収支シミュレーション、初期投資費用、資金調達計画シート）
・サロンコンセプトシートのテンプレート（エモーショナル・ベネフィット作成シート、ファンクショナル・ベネフィット作成シート、イメージターゲット設定シート、接客ストーリー作成シート）

DOWNLOAD

Webでチェック!

※ダウンロード等に関するお問合せ 03-5752-3891（ビューティガレージ・コンシェルジュ室）

アクセス方法

STEP 1 まずはサイト「SALONスターター」(https://kaigyo.beautygarage.jp/) へアクセス！ 右のQRコードを読み込むとサイトにアクセスできます。

STEP 2 LINEで友だちになるにはここをクリック！

STEP 3 QRコードを読み取って友だち登録。漫画をダウンロード！

「SALONスターター」で開業・運営ノウハウをゲット！

美容室・サロンの独立開業を支援する情報メディア
SALONスターター
Powered by BEAUTY GARAGE

SALONスターターは「美容室・サロンの独立開業を支援する」をテーマにしたサイト。㈱ビューティガレージ「サロン開業経営相談室」が、開業に役立つ情報やノウハウを提供します。未来のサロンオーナーにとって価値あるコンテンツを発信しています。

SALONスターターの開業お役立ちコンテンツ

■事業計画・ビジネスプラン

繁盛サロンのための事業計画書作成方法や、事業計画の立て方・作り方。ノウハウをすべて大公開。

■資金調達・お金

資金調達の方法や、日本政策金融公庫の融資面談での注意点、リースやクレジットのメリット・デメリットなどを詳しく説明。

■不動産・店舗デザイン

出店エリアの選び方、物件選定での判断基準、内装工事のポイントなど、失敗しない店舗づくりのヒントが満載。

■集客

ポータルサイトやSNSといった新しい販促ツールの使い方も含めて、広告・宣伝のノウハウを伝授。

■経営・マネジメント

会計や労務などサロンを経営するために必要な知識をわかりやすく解説。

■インタビュー・レポート

税理士や社労士など専門家へのインタビュー、開業したサロンのデータから読み解く分析レポートなど、オリジナルコンテンツを発信。

SALONスターターのコンテンツ内容例

店舗デザイン

施術スペースだけでなく、待合やシャンプーブース、こだわりの小物などの画像を公開。個性豊かなデザインは、自分のサロン作りの参考になります。

豊富な開業事例

大型サロン、一人サロン、夫婦で営むサロン。立地も規模もコンセプトも異なる様々な美容室を多数紹介。最新事例が定期的に掲載されます。

㈱ビューティガレージ

美容業界最大級のインターネット卸サイト「BEAUTY GARAGE Online Shop」（カタログ通販誌「BG STYLE」、全国8か所のショールーム）にて、理・美容サロンに必要なありとあらゆる美容商材を提供している。さらに、周辺ソリューション事業として、不動産物件の仲介、資金調達支援、店舗設計デザイン・施工、サロンPOSシステム導入、サロン向け保険、広告プロモーション、クレジットカード導入、講習会運営といった幅広いサービスを提供している。2016年7月東証一部上場。

オーナーインタビュー

開業サポートを行なったオーナーと開業までのプロセスを振り返って、「開業で一番大変だったこと」「サロンコンセプト」「物件の選び方」など、開業者のリアルな声を発信しています。先輩オーナーからのアドバイスは必見です。

Hair Salon
chapter 1

第1章

開業前にまず
これだけは知っておこう

成功・繁盛サロンへのスタートダッシュを決めるために
まず知っておかなければいけない開業知識をピックアップしてご紹介します。

意外と知らない!? 独立・開業の3つの方法

開業者はすべてのリスクを負って店舗づくりをしなければならないのでしょうか? 現在では美容室業界の進化に合わせ、美容室の開業スタイルも多様化しています。

1 オリジナルサロン

自分の思い通りの美容室がつくれる

美容室開業の中で、最も多い開業方法がこの「オリジナルサロン」での開業です。

オリジナルサロンは、物件取得費用（保証金や仲介手数料等）、店舗内外装工事、美容器具設備、広告宣伝費など、美容室開業に必要な初期費用のすべてを開業者が負担して店舗づくりを行なう方法です。

また、人材の雇用も行なうので、従業員に対する責任も生まれます。

自分の思い通りのサロンが実現できる一方で、初期投資リスクが大きく、雇用に対する責任もあるので、ハイリスク・ハイリターンモデルの開業方法といえます。

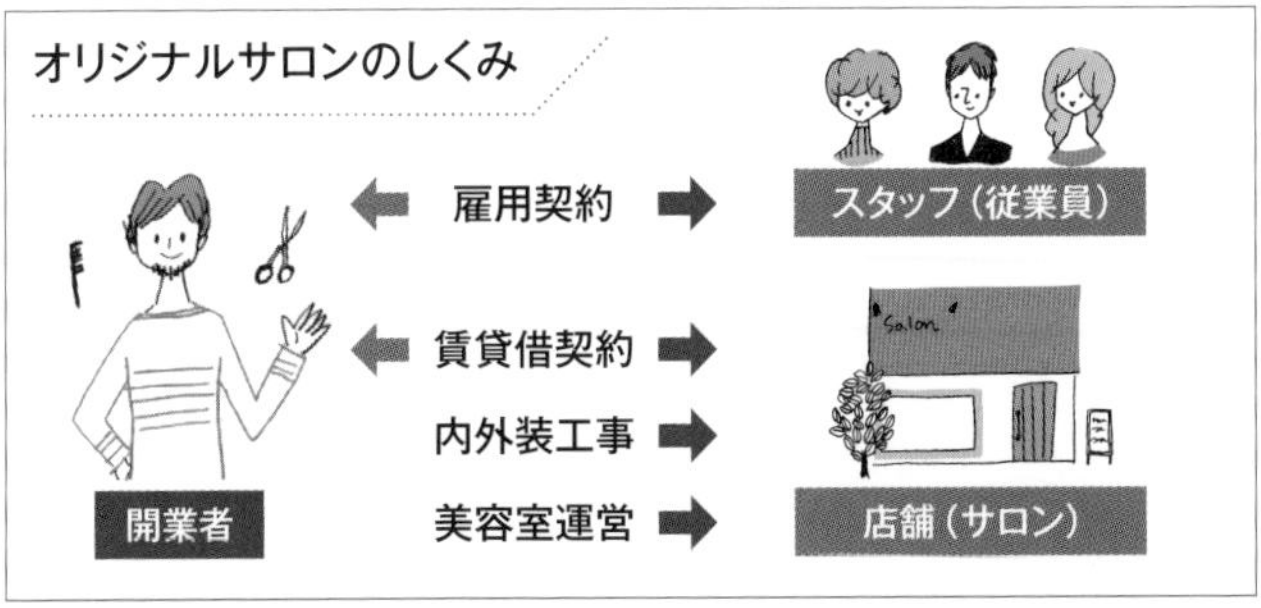

オリジナルサロンはこんな人におすすめ

- 出店計画から店舗運営・管理まで、すべて自分の思い通りにしたい人
- 開業資金（自己資金+借入れ）を確保できるメドがついている人
- サロン経営やスタッフ教育についての経験や知識を持っている人
- スタッフの人生を背負う覚悟がある人

2 社内のれん分けサロン・フランチャイズサロン

経営ノウハウやブランドが活用できる

社内のれん分けサロンとは、開業者がこれまで働いていた美容室（本部）と契約を結び、その美容室のブランドやノウハウを使用して開業する方法です。

社内のれん分けサロンの場合は、内・外装や器具等開業にかかる初期費用はすべて開業者が負担しますので、初期投資リスクはオリジナルサロンと変わりません。違いは、ブランドやノウハウを使用する代わりにロイヤリティを本部となる美容室へ支払う必要があることです。

初期投資リスクは負いますが、確立されたブランドやノウハウが使用できるので、安定的に経営できる可能性が高いのが特徴です。

もう一方のフランチャイズサロンとは、しくみは社内のれん分けサロンと似ていますが、社内の

社内のれん分けサロンはこんな人におすすめ

●開業者

- これまで働いてきた美容室とともに成長しながら独立したい人
- 開業資金確保のメドがついている人
- サロンワーク（お客様へのサービス提供）には自信があるが、まだ経営者として経験が少ないので、経営サポートを受けて開業したい人

●本部となる美容室

- これまで美容室で活躍してくれた従業員にさらなる成長の機会を与えたいサロン
- 店舗展開をしていきたいサロン

社内のれん分け・フランチャイズサロンのしくみ

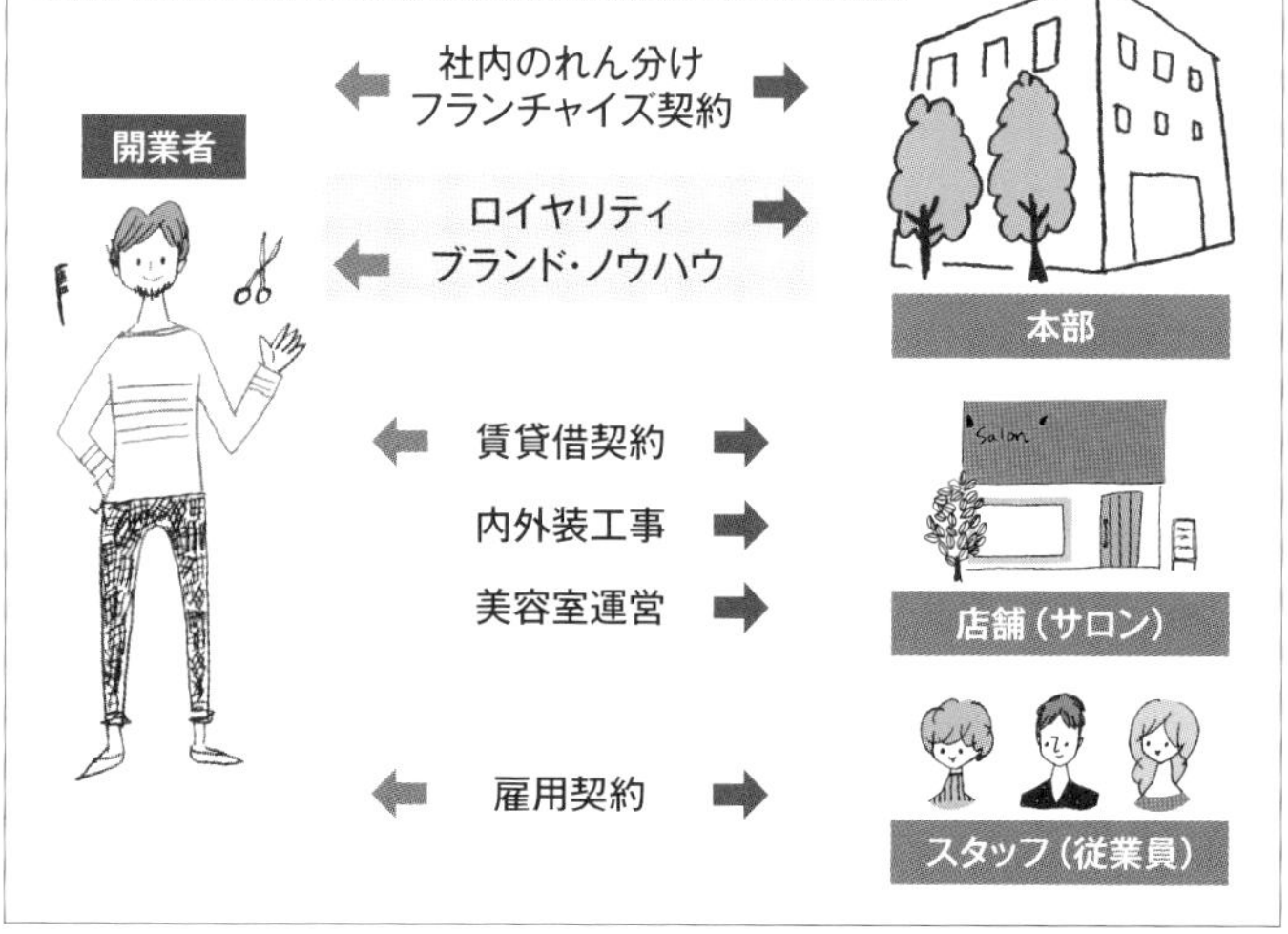

れん分けサロンでは開業者がこれまで働いていた美容室と契約を交わすのに対して、フランチャイズサロンは開業者に勤務経験等のない外部の美容室と契約を交わす点が異なります。

どちらの方法も初期費用は負いますが、経営ノウハウ等のバックアップはありますので、ミドルリスク・ミドルリターンの開業方法といえます。

加盟するメリット・デメリットを把握して契約！

開業者は本部に対して加盟金や月々のロイヤリティを支払い、その対価として経営ノウハウやブランドを得て美容室を運営します。

社内のれん分けの場合は、本部で働いていたスタッフが開業者となるので、サポート内容について認識の違いはあまり出ませんが、フランチャイズの場合は、お互いの内情をくわしく知らない二者間での契約となるので、契約後にトラブルになるケースがあります。加盟を検討する際には、サポート内容など、契約内容をしっかり確認しましょう。

フランチャイズサロンはこんな人におすすめ

●開業者

- 確立された経営ノウハウとブランドを持つ美容室のノウハウを活用して独立したい人
- 開業資金確保のメドがついている人
- サロンワークには自信があるが、まだ経営者として経験が少ないので、経営サポートを受けて開業したい人

●本部となる美容室

- 店舗展開をしていきたい本部
- 店舗展開の投資リスクを軽減したい

3 店舗を所有しない独立・開業モデル

ローリスク・ローリターンで独立する

前述の2つの独立・開業方法では、出店費用を融資などで調達し、店舗を自己所有して運営も行なう「所有直営方式」が一般的です。しかし近年では、より効率的でリスクを抑えた経営を目指し、店舗の所有と運営を分離して独立するケースが増えています。店舗を所有する費用負担を抑えた「運営特化型」のローリスク・ローリターンモデルで、次のようなタイプがあります。

フリーランス（個人事業主）型独立

サロンがスタイリストやアシスタントとして従業員を「雇用」し運営するのではなく、美容師が一事業主としてサロンと契約を結ぶ「業務委託サロン」をはじめ、「シェアサロン」「美容室モール」などでの独立・開業が急増しています。

フリーランス（個人事業主）型独立のタイプ （出典）「BeaUTOPIA」より

	業務委託サロン	シェアサロン	美容室モール
サロンと美容師の関係	雇用ではなく、業務委託契約を交わす	フリーランス美容師が月額やスポットで利用料を支払う	それぞれが独立したオーナー
報酬	成果報酬型（歩合給）。還元率はフリー40～50%、指名50～60%程度のケースが多い	利用料は「時間貸し＋売上歩合」も「時間貸しのみ」もある	テナントの賃貸料を払う
集客	サロンが行なうため、顧客を抱えていない美容師でも働きやすい	美容師自身で行なうため、顧客を抱えている美容師向け（最近ではシェアサロンによる集客支援の試みも始まっている）	美容師自身で行なうため、顧客を抱えている美容師向け（美容室モールとしての集客支援も準備を進めている）
メニュー内容・料金	サロンで統一	自由に設定できる	自由に設定できる
代表事例	Agu.、ALBUM（※ハイブリッド型）、AUBE、HEADLIGHT、Eleanor	GO TODAY SHAiRE SALON、AIR SALON、EMANON、シェアサロンF、FBeauty、Qnoir、グランストーリーサロン	THE SALONS、SOLA SALON STUDIOOS（米）

業務委託サロンの特徴は、美容師はサロンから業務を委託され、対価として報酬を受け取ります。また、集客はサロン側で行ない、施術メニューや価格もサロン側が決定します。

シェアサロンの特徴は、美容師がサロンに売上や時間に応じた利用料を支払います。集客は基本的に美容師が行ない、施術メニューや価格も美容師が決定します。

美容室モールの特徴は、ショッピングモールのように同じフロアに複数のサロン（完全個室）が軒を並べて出店したものです。美容室モールは賃貸料を払うだけで、一つの区画を自身のサロンとして出店できます。集客は基本的に入居サロン側で行ない、施術メニューや価格も入居サロン側が決定します。

リース型店舗での開業

フリーランス型独立のように、サロン内の一区画を借りたりシェアをするのではなく、オリジナルサロンを出店するための初期費用の全てをリースでまかなう「リース型店舗」も、所有と運営の分離を実現する開業モデルといえます。

フリーランス型独立はこんな人におすすめ

- たくさん働き多く稼ぎたい、自由な時間が欲しいなどの目的がある人
- 経営者としての勉強がしたい人
- マンツーマンの接客がしたい人

注意点としては、業務内容、報酬体系、顧客引継に関わる「競業避止義務」などの条件を契約書で必ず確認しておくことです。また、税金や社会保険などの手続きは自分で行なう必要があります。

1×2

やってはいけない！　本当にあった開業失敗事例

オープン前の準備段階で開業断念…、開業直後に廃業…。こんなことにならないために
多額の費用を投資して開業した自分の美容室を存続・成長させるポイントを失敗事例から学べ！

失敗した原因にはこんなケースがある！

▶自己資金不足で融資がおりない

開業を断念するケースでとくに多いのが、自己資金不足による借入れの失敗です。どんなに内容がよい事業計画書を作っても、借入審査基準を満たす自己資金（保証人や担保）がなければ、融資を受けられません。

このくらいの額なら借りられるだろうと勝手に判断し、準備を進めてしまった結果、いざ借入れができなければ、これまで費やした時間やお金、労力のすべてが無駄になってしまいます。これを避けるには、開業準備を始める前に資金調達についての情報を集めることです（資金調達については第４章参照）。

調達資金が足りない場合

サロン開業の予算に調達資金が届かないからといって、早々にあきらめる必要はありません。エアコンなどの設備や美容器具をリースにしたり、工事費をローン支払いにする方法もあります。

また、物件を借りる際の保証金が不要になったり、**1-1**で説明したリース型店舗での出店など、開業の初期費用を抑える方法もあります。

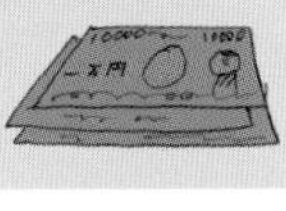

▶物件契約時のトラブルで開業を断念

美容室をオープンさせるまでには、数多くの準備項目があります。その準備項目の中には、タイミングを間違えると、開業を断念しなければならないほど、時間やお金、労力をロスしてしまうものがあります。そのひとつが「物件契約時に起こるトラブル」です。

よくあるのは、物件オーナーと開業者の間で希望する契約のタイミングが合わず、契約を結ぶこ

とができなかったという例です。開業者が金融機関から融資を受ける際には、物件申込みをしてから融資申請を行なうので、物件申込み後すぐに契約することはできません。融資審査の結果、借入れできなければ、物件契約はおろか開業自体も危うくなります。

一方、物件オーナーは、開業者が借入れを行なうのかどうかはあまり関係ありません。すでに空室の物件であれば、できるだけ早く契約を結び、賃料を支払ってもらいたいというのが本音です。

融資申込みの際に必要な事業計画書や各種見積もりの不備等によって融資までに時間がかかると、物件オーナーは契約まで待つことができず、他の入居希望者と物件契約を結んでしまうこともあり得ます。こうした事態にならないためにも、融資までの段取りは必ず確認しておきましょう。

開業までの段取り・スケジュールは詳細に確認！

物件選び等の本格的な開業準備を始める前に、美容室開業に必要なタスクを整理し、スケジュールをしっかり決めましょう（オープンまでの流れについては**1-3**参照）。

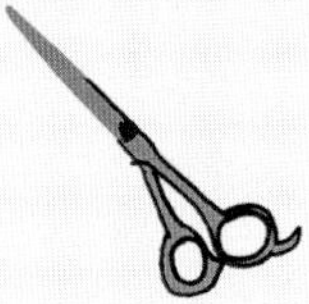

▶開業資金が予想以上にオーバーして開業断念

予定していた開業資金を大きくオーバーし、資金ショートしてしまうケースです。開店準備半ばであえなく断念する場合や、資金不足のまま開業を強行した結果、その後の資金繰りができず開業直後に閉店するケースもまれにあります。

予算オーバーになる原因は様々ですが、ほとんどは開業資金の見積もりが正確でなかったということです。とくに内外装工事は金額が大きいので、見積もりの漏れが大ダメージにつながります。

そのほか、危機管理対策が十分でなく、不慮の事故で大きな損害を受けるケースもあります。たとえば、内装工事中に火災が発生し大損害が出たが、保険に加入していなかったため予算の補填ができず、開業を断念せざるを得なくなったようなケースです。開業者自身に非はなくても、損害を受けるケースもありますので、保険加入などリスク回避策はしっかり取る必要があります（サロン保険については**7・5**参照）。

▶利益は出ていても倒産する（黒字倒産）

黒字倒産は、利益は出ているのにキャッシュ（現金）がなくて資金繰りが立ち行かず倒産するケースです。開業後まもなく黒字倒産するケースで多いのは、利益のほとんどが返済に回ってしまうようなケースです。多くの場合は、初期投資費用の配分を誤ったことにより起こります。では、どうしたら適正な初期投資費用を見積もることができるのか見てみましょう。

初期投資費用の妥当性をきちんと判断する方法

初期投資費用が適正かどうかは、以下の3項目を確認することで判断できます。基準値を超えている場合は、再検討する必要があります。

①初期投資費用の返済金額

利益がいくら出ても、返済金額が高ければサロンに残るキャッシュは少なく、経営が安定しません。最初にサロンを存続・成長させるために必要な利益やキャッシュを計算し、その金額を残せるだけの返済金額を設定しましょう（初期投資費用については**4・1**参照）。

②初期投資費用の返済期間

初期投資費用の返済期間は、将来行なうリフォーム（改修）や店舗拡大のタイミングに大きな影響を与えます。借入れの返済が終わらなければ、次の設備投資はなかなかできません。内装や設備の状態を維持するため、または時代に合った店舗デザインを維持するために、初期投資費用の返済期間はできるだけ短くする必要があります。返済期間の目安は3～5年になります。

③家賃比率

美容室経営には、人件費（売上高の約40～50%）、水道光熱費（同約3%）など様々な経費がかかります。経営を維持するためには、家賃比率は10%程度までに抑えておく必要があります。家賃比率がそれより高くなると、スタッフの給与支払い等に影響を与え、十分な体制で運営していくことが難しくなります。収支シミュレーション作成時に、

サポート業者選びも大切

これまで、美容室の内装や器具を提供する業者は少なく、競争原理が働いていなかったため、初期投資費用はかなり高く設定されていました。

しかし現在では、美容室開業をサポートする業者が増え、また他業種の経営ノウハウも美容室業界に導入されるようになったことから、適正な価格で開業することが可能になりました。初期費用を抑える方法のひとつとして、インターネット等を活用したサポート業者の選定も重要なポイントになります。

検討物件の家賃が売上高の10％以下（家賃相場が高いエリアの場合でも売上高の15％以下）に収まっているか確認しましょう（収支シミュレーションについては**3・1〜2**参照）。

開業日までにスタッフが集まらず売上大幅減

計画していたスタッフの数が集まらず、売上予測を大幅に下回ってしまうケースがあります。計画していたスタッフ数に合わせた規模の店舗をつくったために、家賃等の経費も予定より大幅にオーバーしてしまう可能性があります。

こうした失敗の原因は、採用スケジュール計画をしっかり立てなかったためにオープン日までにスタッフの確保ができなかったことにあります。

採用スケジュールを立てる際には、採用の方法によって内定を出せるまでの期間が異なりますので、たとえば求人媒体を選定する際には各業者に確認するなど事前に調べておきましょう（採用計画のスケジュールに関しては次ページのサクセスロードマップ参照）。

また、予定していたスタッフが、オープン直前に入社を見送るケースも少なくありません。その原因は様々ですが、スタッフ（求職者）が同時に複数の美容室と採用交渉を進めていて、途中で考えが変わって他の美容室に決めたり、オープン準備を進めていく中で、開業者とスタッフとで意見が食い違って入社を見送ることなどがあります。

スタッフ採用は、入社が決定しても途中で状況が大きく変わる可能性があります。採用計画を綿密に立てることはもちろんですが、スタッフにこれからできる美容室がどのような美容室なのか、その事業理念・ビジョンやサロンコンセプト等をしっかり伝えられるよう事業計画書を準備することも重要です。

1×3

サクセスロードマップ〜美容室オープンまでの流れ

美容室経営の成功ストーリーは地図を描くことから始まる。

「お金」「時間」「労力」をロスしないために綿密なスケジュールを立てよう！

オープンまでの流れ

構想期間

1か月〜1年

1 事業計画書作成→第2・3・4章
・サロンコンセプト
・各種シミュレーション
・戦略作り
・初期投資（資金調達）計画

2 業者選定
・店舗設計デザイン会社の選定
・販促物制作会社の選定
・求人媒体の選定

1か月〜2か月

3 金融機関の選定（融資希望の場合）
→第4章
・融資希望の金融機関選定と申込書類一式の取り寄せ

1か月〜6か月

4 物件選定
・商圏分析とエリア選定
・物件選び
・現地調査

「時間」「お金」「労力」をロスしないためのチェックポイント

・チェック1
業者選定は物件選定を開始する前までに

店舗設計デザイン・販促物制作・求人媒体等、専門業者に依頼する必要のある項目は、物件選定を開始する前までに確定しておく。

希望の物件が見つかった時点から、すぐに各業者とのやり取りが開始される。もしこの段階で業者が決定していないと、検討物件の現地調査がすぐにできず、ほかの人にその物件を取られてしまう可能性もある。

また、集客に必要な販促物制作にも時間がかかるので、オープンまでに間に合うように注意！
→第5章

・チェック2
販促ツールの制作・準備は物件選定と同時にスタート

販促物（ホームページやチラシ等）の制作には、内容にもよるが2か月前後の期間がかかる。

店舗が完成しても集客のための販促物を準備できていなければ、売上目標の達成は難しい。

販促物の制作費を事前に確認して準備する。

SNSの普及により、美容師個人が顧客と直接つながることができるようになった。店舗が移転しても顧客への告知が容易なので積極的に利用すべきである。
→第3・5章

・チェック3
物件申込みは「現地調査」をしたあとで

物件の現地調査では、寸法を測るのはもちろん、水回り・電気・ガス等の設備についても調べる。そのうえで、見積もりと設計図を作り、開業可能な物件かどうかを判断する。

現地調査は素人判断では難しく、のちのち予算オーバーやレイアウトに支障が出るなどの問題が起きないようにするために、専門業者に依頼する必要がある。
→第5章

サクセスロードマップ ～美容室オープンまでの流れ～

申込み・審査期間（1か月～2か月）

5 物件申込み
・物件貸主による審査

6 融資申込み→第4章
・審査
・審査結果の通知

契約期間（1か月～2か月）

7 融資契約

8 物件の賃貸借契約

9 店舗設計・施工業者と契約

10 販促ツール制作業者と契約

11 求人広告業者と契約

店舗づくり期間（1か月～2か月）

12 内外装工事

13 販促ツールの制作

14 人材採用活動→第6章

各種手続き（1か月）

15 保健所・消防検査→第7章

16 税務署へ各種届出→第7章

美容室オープン

・チェック4
店舗設計デザインは物件申込み完了後からスタート

店舗設計デザインは確定までに時間がかかるので、物件申込み完了後の早いタイミングから進めておく。

融資決定後に物件契約をすると、空室物件ではすぐに引き渡しとなり、家賃もすぐに発生する。デザインがなかなか決まらず工事開始までに時間がかかると、空家賃や空人件費を払い続けなければならない。この無駄を減らすために早い段階から準備を進めたいが、店舗デザイナーからすると、未契約物件または融資が決定していないクライアントの「見込みの仕事」に対しては、本格的に業務を進めることは難しいのが現実。開業が確定しない段階からデザイン作成等を依頼する場合は、デザイン費の一部を先に支払うなど、お互いにリスクの少ない対応をするのが現実的だ。
→第5章

・チェック5
物件契約は融資が決定したあとで

融資決定前に物件契約をしてしまうと、融資が決まらなかった場合、契約時に支払った保証金の一部や仲介手数料・礼金・前家賃などは返金されず大きなロスとなる。もう一度、融資を申し込もうとしても、ロスした分の自己資金が減ってしまっているので、貯蓄をするにも時間がかかってしまうことになる。
→第5章

・チェック6
保健所の検査基準をクリアしているか工事開始前までに確認

美容室開業の際には保健所の検査を受け、検査基準を満たす必要がある。

保健所検査は工事完了後に行なわれるが、基準に達していないと追加工事をしなければならないこともあり、「時間」「お金」「労力」に大きなロスが生じる。場合によっては、開業が難しくなることもあるので要注意。
→第7章

1×4

利用できる助成金をチェック

使える助成金、個人事業と法人のどちらで開業するかのメリット・デメリットなど、開業前に知っておくと得する豆知識！

個人事業主も受給できる助成金

助成金は融資とは違い、返済不要で国からもらえるお金です。返済する必要があると思う人もいるようですが、一定の要件を満たせばのちのち返済する必要はなく、そのまま美容室の収入とすることができます。

主な対象は中小企業ですので、当然、個人事業主で経営する美容室も対象になります。法人化しているかどうかは関係なく、条件に該当すれば受給できます。

しかし、助成金にはその目的によっていくつかタイプがあり、たとえば労働保険だけでなく社会保険に加入していることを要件とするものなどもありますので、それぞれの要件を事前に確認しておく必要があります（次ページ表参照）。

助成金の要件は度々変わるので、情報はこまめに確認しましょう。インターネットでは、数年前に廃止されたり、金額が変わった助成金の情報がたくさん載っていたり、逆に、利用しやすいのに新しく作られたために情報が少ないケースもあるので要注意です。種類が多く申込み手続きが複雑なため、うまく活用できない人も多いようです。助成金について調べたり、手続きをするのは面倒な作業なので、専門家に相談するのもひとつの方法です。

各種助成金を受給するための要件など、詳細については事前に各都道府県の労働局か、ハローワークの助成金窓口、または社会保険労務士に相談するとよいでしょう。

利用できる助成金の例

2020年1月現在

種類	該当するケース例	助成金額
一般トライアルコース ➡社員を採用するときに受けられる助成金	ハローワーク等の紹介で未経験者を一定期間試行的（トライアル）に雇用	月額4万円（最長3か月）
一般訓練コース ➡技術習得のための研修をうけたとき、研修費用の一部をもらえる助成金	スタイリスト育成のため、OJT、OFF JTの研修を受け、HIQスタイリスト検定などの資格を取得させたい	研修費用と研修期間中の給与の一部を助成
育児休業等支援コース ➡社員が育児休業等を取得し、職場に復帰したときにもらえる助成金	育児休業取得者を原職に復帰させた場合や育児休業中に職場復帰プログラムを実施した事業主などに支給	15万円～40万円
正社員化コース ➡従業員のキャリアアップに取り組んだとき	有期契約社員を正規雇用等に転換したときに支給	20万円～60万円

※補助金の制度内容・金額は変更になることがあるので要確認

どちらで開業したほうがいい？ 個人事業主と法人のメリット・デメリット

開業時には、個人事業主として開業するのか、法人として開業するのか選択する必要があります。それぞれのメリット・デメリットを理解したうえで自分のケースを当てはめて、最善の選択をしましょう。

個人事業主のメリットを次ページ上表にまとめました。小さい店舗だからと個人事業主を選ぶ人も多いですが、それはどのような理由があるからなのでしょうか。

もう一方の法人の場合のメリットは次ページ下表にまとめました。法人の場合は、設立登記のための費用や定款の認証手数料、会計処理等の手間がかかりますが、個人事業主にはないメリットがあります。

一般に「規模が小さいうちは個人のほうが有利、大きくなれば法人のほうが有利」といわれますが、現実にはケースバイケースです。実際に検討する際には、税理士などの専門家に相談するとよいでしょう。

個人事業主のメリット

1 個人事業の場合は所得税を納付する。所得税は累進課税（所得が増加するにつれて税率が上がる）となっており、規模の小さい（所得の少ない）うち（所得金額が195万円まで）は、最低税率5%（＋復興特別所得税）(※）の所得税で済む。

➡会社形態の場合は法人税を納める。法人税率は低くても15%（＋復興特別法人税）(※)。また、赤字でも納めなければならない税金がある。

2 個人事業の場合、開業届を1枚出せば終わり。廃止もほぼ同様。つまり、諸々の手続きが簡単。

➡法人の設立には様々な手続きが必要で費用もかかる（最低でも20万円程度)。また、廃業するときにも一定の手続きが必要で煩雑。まずは気軽にそして手軽に始められる個人事業を選ぶ人も多い。

3 個人事業の場合、所得税の計算上、交際費は全額経費になる。

➡法人の場合、経費になる金額には限度がある。

ただし、個人の場合であっても、交際費として扱えるのは、売上を得るために「直接」要したもののみ。個人的な飲食代が何でも経費になるわけではない。

4 個人の場合、簡単に表現すると、「売上－経費」から税金を支払った残りが個人の稼ぎ＝自由に使えるお金になる。当然、その額は毎月変動する。

➡法人の場合、役員の給与を単純に毎月変動させてしまうと税金が高くなってしまう。

法人のメリット

1 対外的な信用が増すことにより、銀行からの融資が受けやすくなったり、取引口座を開きやすくなる。

2 規模が大きくなった＝所得が大きくなったときには、法人のほうが税金が安くなるケースがある。

➡一般に、所得金額が約1000万円を超えると法人税の税率よりも所得税の税率のほうが高くなる。

3 所得を分散できる。

➡個人事業の場合にかかる所得税は累進課税。したがって、所得が増えれば税率は高い。法人にした場合は所得が会社の所得と社長の給料に分散されるので、所得税の対象としては全額を個人事業の所得としているよりは減るので（残りは会社の所得となる)、すべて個人の所得とするよりは低い税率で済むケースがある。

4 自分自身が引退するときは、会社は法人として存在するので経営者・オーナーの交代の手続きで済み、その点では後継者への事業承継は行ないやすい。

※2020年1月現在の税率。個人、法人いずれの場合も、上記税率のほかに地方税がかかる

Hair Salon chapter 2

第2章

はじめにやることは サロンコンセプトメイキング

お客様の心に響く美容室の特徴は他店を圧倒する「差別化」がポイント！
成功・繁盛美容室になるかどうかはすべてサロンコンセプトにかかっています。

2×1

簡単には儲からない!? 美容室業界のいま

オーバーストアで慢性的な人手不足にある美容室業界。
これから美容室を開業する人は、どのような戦略を立てて勝ち残っていけばよいのでしょうか?

店がおしゃれでも技術力・接客力があっても簡単には儲からない!

毎年、美容室の新規出店数は約1万件。全国のコンビニ総数は現在約5・5万件ですので、かなりの数の美容室が毎年生まれていることになります。この数字だけ見ると美容室業界は、とても成長しているようですが、一方で廃業数も毎年約8000件と多く、入れ替わりの激しい業界といえます。また、美容室の総数は約25万件(2018年)と完全なオーバーストア状態にあります(次ページ上グラフ参照)。

いまから30年程前までなら、ただ美容室を出せば儲かったかもしれません。また、いまから20年ほど前の〝カリスマ美容師ブーム〟の時代であれば、技術力や接客力があれば儲かったかもしれません。しかし、いまやそう簡単にはいきません。

オーバーストア状態で競争の激しい現在では、生き残りをかけて経営努力が続いています。カット専門店、カラー専門店、トータルビューティサロンなど、多種多様な業態が出てきているのもその現われです。どうすればお客様に支持され、収益の上がる美容室をつくることができるのか、美容室オーナーは必死になって情報収集を行ない、戦略を巡らせています。

他業種の経営ノウハウも参考にするようになったいま、美容室の進化はさらに加速しています。

お客様から選ばれる美容室 スタッフから選ばれる美容室

お客様の獲得競争に加えて、人材の獲得競争が激化しているのも美容室業界の現状です。現在、多くの美容室が人手不足で困っています。

美容専門学校の卒業者数は、２０１１年に１万５７９５人まで減少し、その後も１万６０００人前後を推移し続けています（左下グラフ参照）。

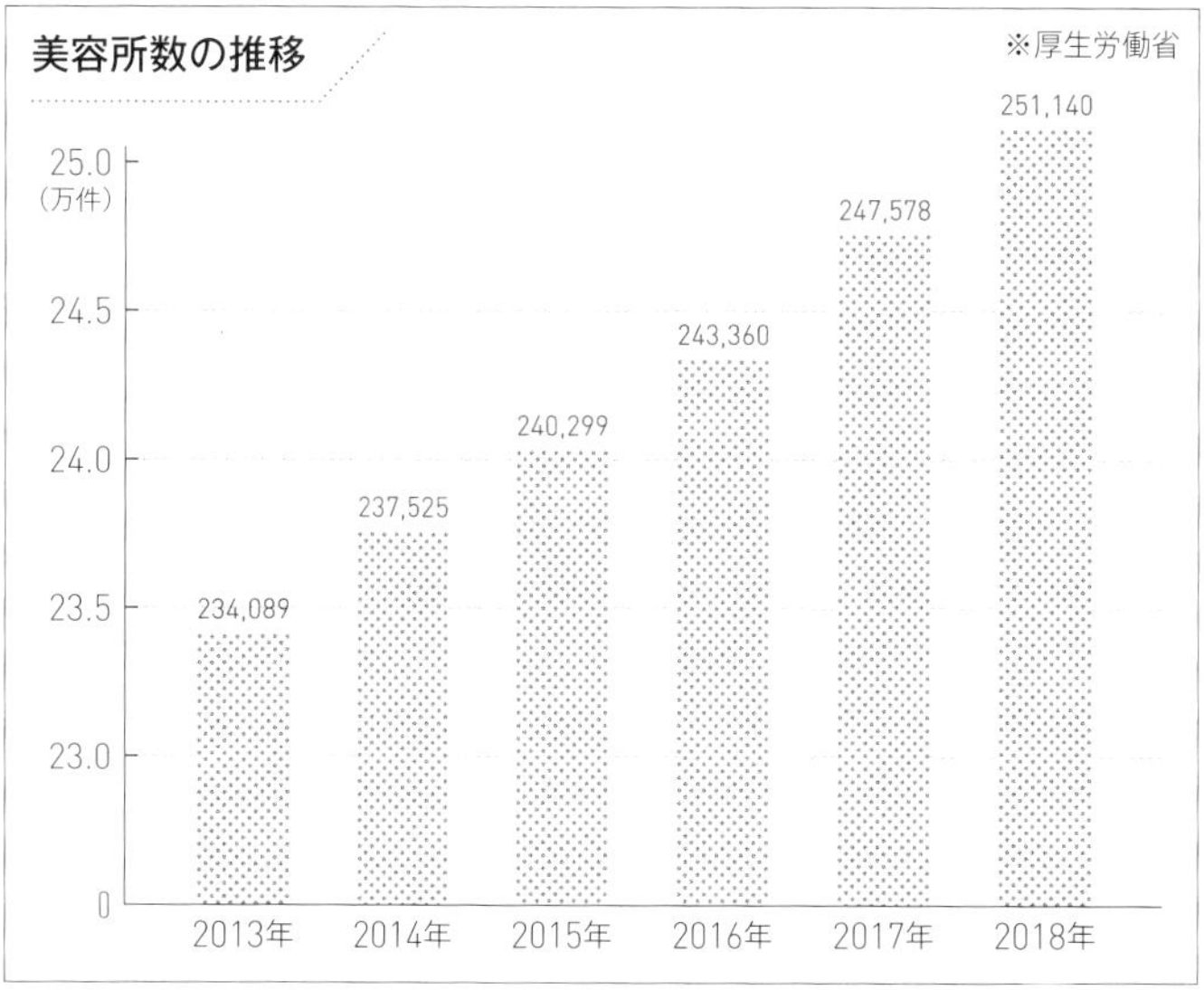

ところが、美容室の件数は増加し続けています。
また、美容室は女性が多く活躍する職場なので、結婚や出産等の理由により離職する割合も高いといえます。さらに下積み期間が長く、給与・勤務

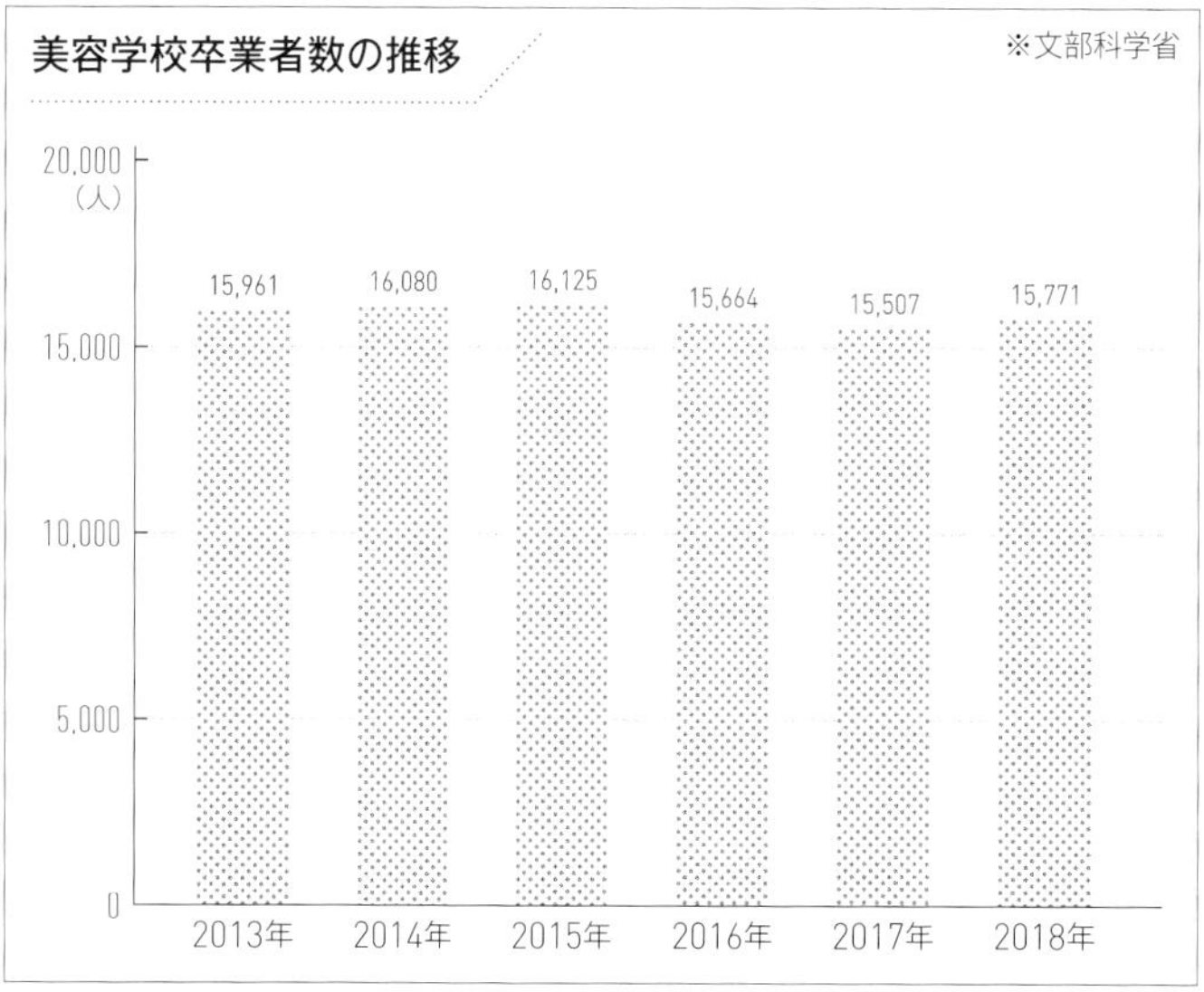

体系等の待遇面の問題で離職する人も多くいます。

これらの状況を踏まえて、経営者はお客様はもちろん、スタッフからも選ばれる美容室づくりをしていく必要があります。

カリスマ美容師は全員カリスマ経営者になれるのか？

オーバーストアや人手不足という現状に加え、経営者を育てる環境が少ないことも美容室業界の大きな問題点のひとつです。

美容室を開業するということは、起業家になるということですが、多くの開業者は経営の知識やスキルがないまま起業していきます。現役時代に活躍したプロスポーツ選手が引退後、優秀な指導者になれるかというと、必ずしもそうでないのと同様、「技術力のある美容師」が必ずしも「優秀な経営者」になれるわけではありません。

経営者に求められるものと、技術者に求められるものは、まったくの別物です。開業者は最初に、「技術者」からＩＴや経営のスキルを身につけて「起業家」に進化するという意識改革をする必要があります。

開業までの準備期間は技術者から起業家に変わる準備期間

物件を選ぶ、店舗デザインを考える、資金調達プランを考える、集客プランを考える…など、美容室をつくる準備だけが開業準備ではありません。

競争の激しい美容室業界の中で、どのようなコンセプト・経営戦略を打ち出していけばよいのか、美容室を存続・成長させていくためにはどうすればよいのかについて、起業家は考えていかなければなりません。

サロンコンセプトや事業計画書を作ることは、経営者として美容室の経営戦略を立てる最初の作業です。時間を費やし、納得のいくプランを練りましょう。

必要な知識・ノウハウは専門家から吸収

開業者の中には、開業準備は自分だけの力でやらなければいけないと思い込んでいる人がいます。しかし、美容室をつくるためには数多くの段取りがあり、専門知識も必要になります。

さらに開業後は、経営や運営ノウハウも必要です。１人だけの力では開業・経営はできないと心得て、専門知識やノウハウは積極的にあらゆる専門家から吸収していきましょう。

2×2

経営戦略をベースにサロンコンセプトを考える

何のために美容室開業をするのか？　お客様にどんなサービスを提供したいのか？
サロンコンセプトは、美容室づくりの核であり、成功・繁盛へ導く道しるべになります。

サロンコンセプト＝事業コンセプト＝夢・ビジョンの具現化

開業準備を始めるにあたり、最初に手掛けるのが「サロンコンセプト」作りです。コンセプトというと、店舗のイメージやテーマを作ることだと思うかもしれませんが、それだけではありません。

コンセプト作りとは、開業（独立）するにあたって、自分の「夢やビジョン」を明確にするということです。また、美容室を開業するということは、自分で新たに独立して、社会の中で新しい事業を始めるということであり、「事業コンセプト」を作るということでもあります。

「サロンコンセプト」は事業計画書作りにおいても核の部分となり、美容室を成功へ導くための最初の道しるべとなります。物件選定や店舗デザイン等を考える前に、時間をかけて納得のいくものを作りあげましょう。

美容室経営を通して何をしたいのか？　まず「事業理念・事業目標」を考えよう

事業理念や事業目標（ビジョン）のない経営は、決して長くは続きません。なぜなら、スタッフと「志」の共有ができないからです。

独立への直接的な動機自体は、「お金を稼ぎたい」「自分なりに自由に働きたい」などでもかまいません。でも、それだけが動機ではないはずです。自分が美容室経営を通して何を実現したいのかを整理してみましょう。

そのためには、美容室の事業内容の趣旨（コンセプトステートメント）を簡潔にまとめることから始めます（次ページ図参照）。コンセプトステ

DOWNLOAD

サロンコンセプトシート体系図（記入例）

どのような理念を持って
事業を行なうか

事業理念

美容室を通じて
日本女性を美しくする

何を目指して
事業を行なうか

事業目標・ビジョン

地域でナンバーワンかつオンリーワンの
美容室ブランドを作る

美容室の事業内容の趣旨
（30～80字でまとめる）

コンセプトステートメント

お客様1人ひとりに合わせた「おもてなし」と「トータルビューティーサービス」で
最上級のくつろぎと美（デザイン）を提供するビューティー&ケアサロン

お客様への意思表明と
従業員へお店の方向性を示唆

約束・行動指針

私達は常にお客様に最高のおもてなしと、くつろぎを提供します。
私達はプロとしての接客、言葉遣い、礼儀作法を徹底します。
私達は自分達の価値観を押し付けず、お客様1人ひとりに最適な提案をします。
私達は現状に満足することなく、日々改善を行ない進化していきます。
私達は常に最新の流行やトレンドをキャッチし、自らも発信していきます。

美容室のメインとなる
コアターゲットの設定

ターゲット顧客

仕事にもプライベート（ライフスタイル）にもこだわりを持つ
比較的可処分所得の高い30代～40代の女性層

美容室が提供する
情緒的価値

エモーショナル・ベネフィット

- オリエンタルな雰囲気のリラクゼーション空間
- くつろぎと癒しを感じさせるBGM
- 明るく開放的だが落ち着いて話ができる雰囲気
- お客様の想定を超えた感動を引き起こすサービス
- 「自立した女性の第三の居場所」
- 「大人のための隠れ家サロン」
- 「自宅以上にくつろげるサロン」

美容室が提供する
機能的価値

ファンクショナル・ベネフィット

- ヘアからフェイシャル、ネイルまでカバーする豊富なメニュー
- しっかりとしたカウンセリングと、施術に対するきちんとした説明
- シャンプー剤やトリートメント剤はすべてオーガニック商品
- ワンランク上のカラーリング
- ダメージケアのできるメニューが豊富
- 新形態のフルフラットシャンプーユニットによる極上のヘッドスパ
- 完全保証サービス（30日間の保証カード発行）

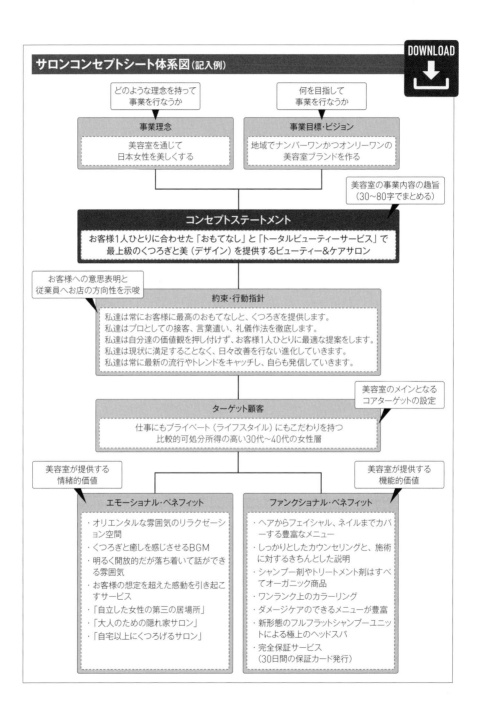

ートメントは、サロンコンセプト作成における核の部分になります。

まず、自分の目指す美容室の特徴やウリ、イメージを簡潔（30〜80字程度の分量が目安）にまとめてみましょう。

大切なのはこの作業を通して、自分のお店のコンセプトが「顧客にとって十分魅力的かどうか」「競合サロンとの差別化ができているかどうか」を確認できることです。思い浮かぶアイデアやイメージをすべて紙に書き出し、まとめながら整理していくとよいでしょう。

美容室が対象にするお客様を特定する「ターゲット顧客の選定」

美容室で提供するサービスや商品は、当然、ターゲット顧客に向けて提供するものになります。そのため、ターゲット顧客をどう選定するかによって、できあがる美容室は大きく変わってきます。また、集客プロモーションの方法もターゲット顧客によって異なるので、選定は慎重に行ないます。

ターゲット顧客の選定には、①イメージターゲットと、②ビジネスターゲットの2つの方法があります。

イメージターゲットとは？

イメージターゲットとは、「あなたに来てほしい」の「あなた」を設定することです。美容室が一番の見込み客として設定する「ある特定のひとりの人物像」のことで、年齢・性別・所得レベル・行動特性などを細かく設定していきます（次ページ図参照）。

イメージターゲットは美容室のコアターゲットとなるので、サロンコンセプトやメニュー構成、店舗デザインなど美容室づくりをしていくうえで、非常に重要な軸となります。

もし事業計画書（第3章参照）の作成途中で、イメージターゲットが変更になれば、コンセプトやメニュー構成などすべてを変更しなければなりません。

たとえば、当初18歳の女子高生をイメージターゲットにして事業計画書を作成していたものを、途中で40歳の男性へ変更するとします。性別も世代も違うターゲットへの変更になるので、当然ながらサロンコンセプトやメニュー構成、店舗デザインなども変更しなければなりません。

DOWNLOAD

●現代女性20代〜30代の特性

①美容に対する関心は高く、費やす金額・労力も高い

→とくに肌トラブル等が生じた際はネット・口コミ・友人・雑誌/書籍/TV他で徹底的に調べ、とりあえず「試す」。そして自ら情報発信も行なう。
（口コミサイトの増加、トライアルセットの増加、SNSの普及）
※女性間の口コミの威力はかなりの影響力がある。

②あらゆる情報を網羅し、専門的な知識を持つ人も多い

→自らの既知の量も質も高いので、販売側の知識がそれより劣ると信用性をなくし、見切りも早い（商品価値とは別）。
また一般常識的な知識しか説明してこないとわかると、さらに信用性をなくす。

③自分に徹底的に着目したカウンセリング・商品を望む

→自分の現状を実際に見てほしい（店に行く理由）。
実際に自分の現状は何が原因で何をしたらよいのか、自分はどのタイプなのか…、自分にマッチすることを徹底的に知りたがる。

④行動力・発信力がある

→よいと思うものには足しげく通う。
人に伝えたくなる。人の体験談が好き。

⑤依存性・中毒性＝「はまりやすさ」を持つ

→依存症にかかるのも女性のほうが多い（摂食・買い物）。
はまりやすく、継続や量等で効果が上がるとなると、それも受け入れる。
（より効率がよく、効果も高い方法を望む）

⑥即効性を好む＝すぐに成果・結果が出ることを好む

→すぐに効果が出るもの、効果を実感できるものを好む。
（ゲーム・地図・会話等でも結論に直結しているものを好む）

⑦具体的であることを望む

→目に見えてわかるもの、すべき方法・商品・回数・時間・期間等が明確であればあるだけ手がつけやすく、スケジューリングしているほうが継続できる。
自己管理より他者管理もしくは他者監修・共有のほうが継続しやすい。
友人・口コミの実体験に信用性を置く。

イメージターゲットの設定シート（例）

●イメージターゲットの概要

・30歳前後の女性。髪やお肌の曲がり角を実感してきて、危機感を覚え始める。
・しかし、生活習慣を変えるのは簡単ではなく、具体的なケアはしていない。
・たまにホームケアをするくらいで、髪・肌・化粧品に対する知識はなく、
　具体的に何をしたらいいのかわからない。
・自分の髪・肌・生活のどこに問題があるのかもわからない。

●イメージターゲットプロフィール

性別	女性	
年齢	29歳（F1層：20歳～34歳の女性）	
婚姻	未婚（1人暮らし）	
職業	OL	
職場	丸の内	
収入	28万円/月	
血液型	A型	
美意識	**【意識】　高　　【現実】　中** 美に対しては、もちろん意識をしている。20代後半になり、髪やお肌の曲がり角を実感。 本当の危機感を感じ始めている。 でも、まだ本格的なケアをしていないし、何をしたらいいのか具体策も見つかっていない。	
美容代/月	10,000円/月	
ライフスタイル（行動特性）	**【日常生活】** 6:30　起床 朝ごはん・支度 8:00　出勤 12:00　ランチ 18:00　退社 19:00　帰宅 19:30　夕食 20:30　自由行動（趣味・テレビ・本など） 23:00　お風呂 0:30　就寝 ホームケアに使える時間は、退社後か休日。	**【集客要因施設】** スーパー 銀行 カフェ・レストラン フィットネスクラブ エステ・ネイル・リラクゼーションサロン 習い事
ニーズや悩み	髪のつや・こしがなくなってきたり、肌のしみ・しわ・たるみ・くすみなどが目に見えてわかってきた。フィットネスクラブもダイエットもその他流行ものも長続きしない。	

●イメージターゲットプロフィール

どんな美を得て、どんな自分になりたいと思っているのか。

最近髪や肌の調子も気になりはじめてきた。もっと美に対して意識を持って、内面から綺麗になっていきたい。

美を得ることによって、どんなライフスタイルを実現したいと思っているのか。

綺麗になってどんなことにも前向きで素敵な女性になりたい。休日にはオシャレな街でショッピングを楽しんだり、友達や彼とパーティを開いたりしたい。

ビジネスターゲットの設定例

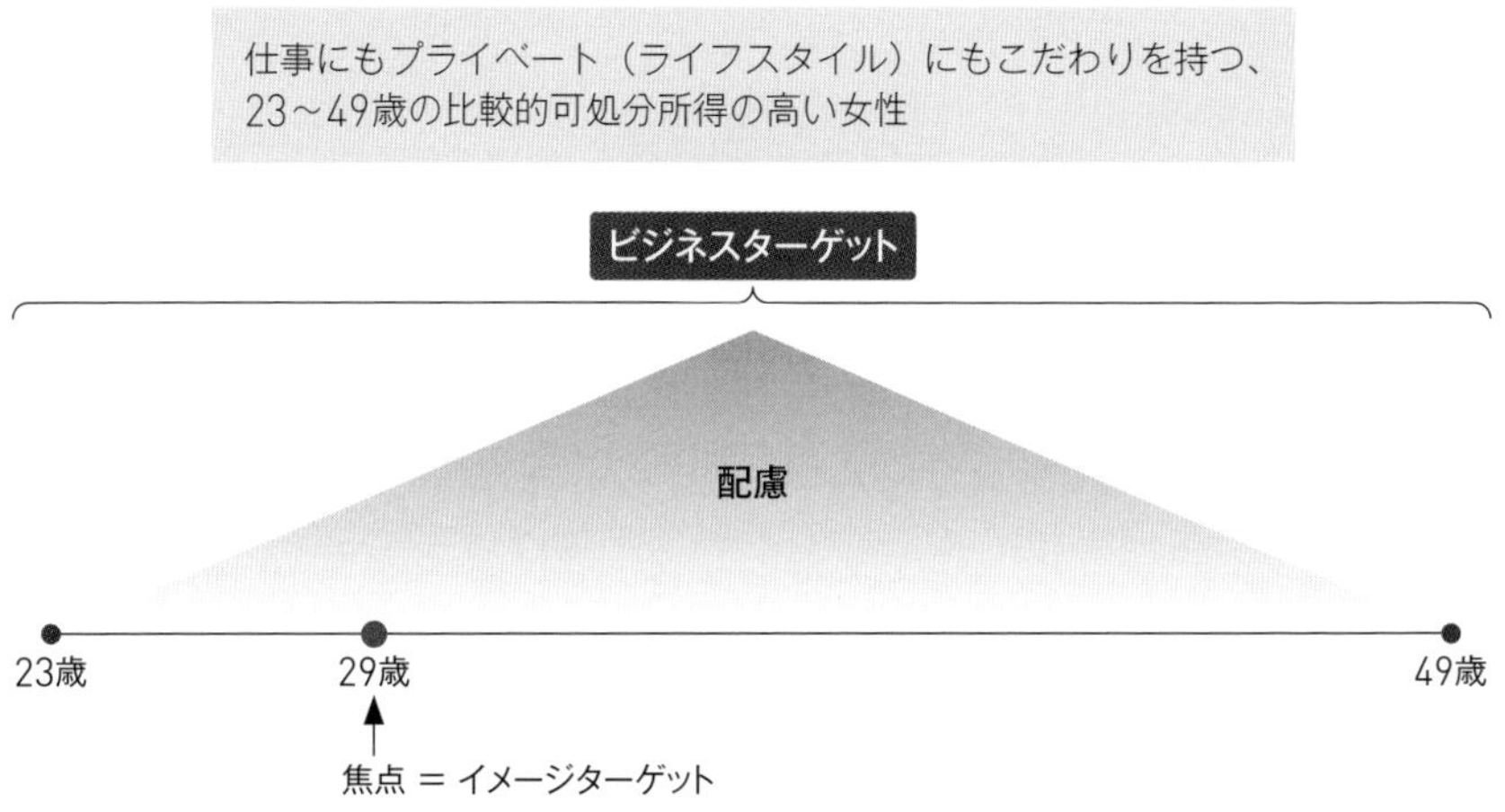

性別・世代等によって、ターゲットの求めるものは大きく変わります。よりお客様のニーズを捉え、心に響く美容室をつくるために、明確にターゲット選定をする必要があります。

ビジネスターゲットとは?

事業計画書はイメージターゲットに焦点を合わせて作られますが、完成した美容室に興味を持ち来店されるお客様は、必ずしもイメージターゲットのお客様だけではありません。

実際には、もっと幅広い層（性別・年代等）のお客様が来店されます。この幅広いターゲット層を設定するのがビジネスターゲットになります（上図参照）。

ただし、幅広い層を設定するといっても、美容室はひとつの空間で同じサービスを提供していくので、年代や特性等があまりかけ離れてしまうと、結果的に誰からも支持されない美容室となってしまいます。

あくまでも基軸はイメージターゲットと考え、ビジネスターゲットにも配慮した美容室とする必要があります。

2×3

美容室のセールスポイントを考える

まずはお客様に提供する「情緒的価値」と「機能的価値」をリストアップし、美容室の売りを明確にしてターゲット顧客の心に響くセールスポイントを作りましょう。

エモーショナル・ベネフィットとファンクショナル・ベネフィット

「エモーショナル・ベネフィット」と「ファンクショナル・ベネフィット」とは、美容室がお客様に提供する価値のことで、美容室のセールスポイントや、他店との差別化について具体化していくときの重要なキーポイントになります。

この2つをもとに、どのような空間でどのようなサービス（技術や接客）をしていけばよいのか、また、美容室やスタッフが提供できることなどを具体的に整理していきます。

エモーショナル・ベネフィット

エモーショナル・ベネフィットとは、美容室がお客様に提供する「情緒的価値」のことをいいます（次ページ図参照）。

たとえば、来店されたお客様に、どのような「気分」「感覚」「雰囲気」を味わってほしいのかを考えていきます。

もちろん、気分や感覚は実体のないものですので、人はそれらをどのように感じるのか、ターゲットに感情移入しながら作成していく必要があります。

ファンクショナル・ベネフィット

ファンクショナル・ベネフィットとは、美容室がお客様に提供する「機能的価値」のことをいいます（59ページ図参照）。

美容室で取り扱うサービスや商品にはどのような価値や機能があるのか、そして、ターゲットは「そのサービスや商品に、どのような価値や機能を求めているのか」などを考えながら作成していきます。

DOWNLOAD

エモーショナル・ベネフィット作成手順

1. ターゲットが求めている情緒的価値を決める

イメージターゲットに設定した人物像を再度確認し、そのターゲットに感情移入しながら情緒的価値（気分・感覚等）を設定しましょう。まずは大枠として、どのような情緒的価値を提供するのかキーワードを決めましょう。

［情緒的価値のキーワード例］

・癒し、リラックス　・優越感
・高級感、豪華さ　・威厳
・気楽　・爽快感、リフレッシュ

★ポイント★

たとえば、情緒的価値を「癒し」に設定したとする。

「癒し」というと漠然としているが、イメージターゲットを選定しておくことにより、「癒し」の内容が限定されてくる。

イメージターゲットが「29歳・会社員・未婚・女性」だとすれば、「29歳・会社員・未婚の女性にとっての癒し」となる。

主語が限定されることにより、情緒的価値も特定されていく。

★アドバイス★

感情に訴えかける「情緒的価値」は、とくにお客様のリピート率に大きく関わってくる。イメージターゲットのニーズや悩みを汲み取り、サロンでお客様にどのような感情を抱いてほしいのかを考え、施術メニューはもちろんのこと、空間や接客対応などサロン全体で考えることが重要。

2. 情緒的価値のキーワードが決まったら、次は演出方法を考える

キーワードが決まったら、次は情緒的価値をどのようにターゲットへ伝えるか、その方法を考えます。

人は物事を五感で感じ取るといわれますが、情緒的価値を五感に分類して考えていくのもひとつの方法です。

［情緒的価値の演出方法例］

（情緒的価値・キーワード）「癒し」※イメージターゲット：29歳・会社員・未婚・女性

（五感を使った演出例）

【視覚（空間デザインなど）】
・家庭でもない、職場でもない、1人で落ち着ける大人の癒しの空間
・天井は高く席間隔も十分とったゆとりあるスペース　・天然木を使用したぬくもりのある空間

【聴覚（BGMなど）】
・日々の疲れやストレスを解消するようなヒーリングミュージック　・リラクゼーション効果のあるクラシック音楽

【嗅覚（アロマなど）】
・シャンプー台等のリラクゼーションスペースには、癒し効果のあるアロマ
・カラーやパーマ等の薬剤の匂いを消すために、空気清浄機

【味覚（飲み物サービスなど）】
・リラックス効果のあるハーブティ　・お茶菓子には心を和ませる流行りのスイーツ

【触覚（技術や家具の質感など）】
・内装には、自然を感じるぬくもりある天然木を使用　・長時間座っても疲れにくいソファ

DOWNLOAD

ファンクショナル・ベネフィット作成手順

イメージターゲットに設定した人物像を確認し、そのターゲットに感情移入しながら機能的価値を設定します。カテゴリー別にどのような機能的価値を提供するか考えましょう。

【メニュー】 どんな技術・機器を使い、どんな技術メニューを行なうのか

①ターゲットが求める機能的価値のキーワードを設定する

［例］・安心、安全 ➡シャンプーやカラー剤等、肌に触れるものはできる限り安全で安心なものを使用してほしい。
・高性能、高機能 ➡より効果実感を得られる高性能・高機能の最新機器を使用してほしい。

②キーワードをもとに、具体的な提供方法を考える

［例］・シャンプーやトリートメント剤については、オーガニック商品を使用。
メニュー名にも「オーガニック」という言葉を使用し、安心・安全をアピールする。
・最新のデジタルパーマの機械を導入し、仕上がりの満足感とパーマの持続性を高める。
ホームページやカウンセリングの際の説明で、使用している機器の高性能・高機能をアピールする。

※メニュー価格の設定方法
メニューの価格設定は、イメージターゲットを基準に設定していく。
① イメージターゲットの「年収（月収）」「家族構成」「美意識」等を考慮し、美容室に使える費用を計算。
この費用が客単価の基準値となる。
② メニュー毎に利用比率・単価を設定し、平均客単価を計算。➡平均客単価の計算方法については、**3-1**を参照。
③ ①と②の数字がほぼ一致していれば、適正な客単価となる。
2つの数値に差がある場合は、②の利用比率か単価の見直しをする必要がある。

★アドバイス★
美容室のメイン商品は「技術」。セールスポイントや他店との差別化をアピールするには、メニューに特徴を持たせることが必須。イメージターゲットがいまどんなニーズや悩みを持っているのか、いま流行っているものは何かなどを徹底的に調べたうえで、メニュー作りをすることが重要。

【設備】 どんな設備を設け、どんな機能を持たせるのか

①ターゲットが求める機能的価値のキーワードを設定する

［例］・便利、使いやすい ➡子供と一緒に来店したい
・安心、安全 ➡高齢者でも安心して利用できるようにしてほしい

②キーワードをもとに、具体的な提供方法を考える

［例］・小さい子供を持つ主婦でも気軽に利用できるようにキッズルームを設ける。
・高齢者でも安心して利用できるように、室内はバリアフリーにする。

★アドバイス★
ターゲットによって美容室に求める設備は異なる。イメージターゲットの年齢・性別・職業・生活環境等を調べ、ターゲットが求める設備を作る。

お客様への意思表明とスタッフへ方向性を示す

　これから美容室を開業し、運営していくにあたって、お客様にどう向かい合っていくのか、何を約束するのかといった「美容室の約束・行動指針」を掲げることが大切です。これをスタッフと共有し、理解し合うことで、何が正しく何が間違っているかの価値観を共有できます。

　約束・行動指針があることで、スタッフと志をともにし、同じ目標に向かって高いモチベーションで働くことができます。

イメージターゲットに生の声を聞くグループインタビューのススメ

　作成したサロンコンセプトは、お客様に「ぜひ行ってみたい」と思ってもらえる内容になっているでしょうか？

　本当にターゲットのお客様の心に響くものになっているか確かめる方法のひとつにグループインタビューがあります。

　グループインタビューとは、イメージターゲットに近い人に、作った事業計画書を実際にプレゼンして、感想を聞くことです。

　事業計画書の作成者（美容室開業者）とターゲットに設定した人物像で性別や年代に違いがある場合は、ぜひグループインタビューを行なってみてください。きっと新たな発見があるはずです。

Hair Salon
chapter 3

第3章

儲かる店には欠かせない事業計画書の作り方

事業計画書は美容室の開業準備をしていくうえで
融資、店舗コンセプト・デザインの策定、集客戦略など、様々なシーンで使用されます。
実行できる内容の事業計画書を作って、トラブルなく繁盛していく美容室を目指しましょう!

3×1

事業計画書の作り方❶

単月の目標収支シミュレーション

「どれくらい儲けたいのか」「美容室をつくるにはいくらかかるのか」など目標を達成するための数字をシミュレーションしていきます。

事業計画書を作る3つの理由

あなたの美容室が成功するかどうかの鍵は事業計画書が握っています。

事業計画書には以下3つの重要な役割があります。

1 成功・繁盛美容室へのコンパス

事業計画書を作る最大の理由は、美容室開業を成功させ、その美容室を存続・成長へと導くことです。事業計画書は、❶サロンコンセプト、❷数字によるシミュレーション、❸戦略作りの大きく3つのパートに分かれます。この3つがそろってはじめて事業計画書としての意味を持ちます。

競合ひしめく美容室業界の中で、事業計画書というコンパスなしに、勘だけで美容室を開業することは大きなリスクとなります。

2 協力先や家族・パートナーへの説得材料

美容室開業には、多くの人の協力が必要不可欠です。たとえば、家族やパートナーの理解や協力が必要な場合もあります。美容室開業には、多額の投資が必要になりますので、家族やパートナーにとっても決して他人事ではありません。そのような時に協力・理解を得るための説得材料として事業計画書は活用できます。

親身になって考える家族やパートナーだからこそ、説得が必要だったり、協力してもらうことが難しいというケースも多く見られます。

3 融資の際に金融機関に提出する書類

事業計画書は融資を受ける際の必要書類として大切な役割を持ちます。ただし、事業計画書を作成する本来の意味は、繁盛美容室をつくるためのものです。結果として、融資用としても使えますが、それが最大の目的ではないことは理解しておきましょう。

まずは1か月にどれくらい儲ければよいのか計画してみよう

融資審査において、担当者がとくに重要視するのが収支計画です。経営者にとってもこれを作らない限り、資金計画や売上・利益計画、返済計画などが立てられませんので、融資の有無にかかわらず作成しなければなりません。市場調査や先輩経営者からのヒアリングなどで情報収集を行ない、現実的な収支プランを作成しましょう。

まずはじめに、単月の目標収支シミュレーションを作っていきます。これは、開業する美容室が1か月にどれくらいの儲けを出したいのか、目標設定をすることから始めます。

開業時にはまだ実績がありませんので、ここで作成する収支シミュレーションはあくまで予測の数値です。これまで働いてきた美容室での実績などを参考にシミュレーションを作成しましょう。予測の数値ではありますが、この数値を目標として戦略を立て美容室運営を行なっていきますので、できる限り数字の裏付けとなる資料を準備しながら作成しましょう。

収支シミュレーション作成のステップ

STEP 1

売上高の設定

まず最初に、収支シミュレーションの数字の元となる売上高を設定します。お客様の来店数と、設定した客単価をかけて計算します。

➡ 売上高 = 客数 × 客単価

→64ページ参照

STEP 2

粗利（売上総利益）の設定

売上高を設定したら、次は粗利（売上総利益）を設定します。売上高から仕入高（売上原価）を引いたものが粗利となります。

➡ 粗利 = 売上高 − 仕入高（売上原価）

→66ページ参照

STEP 3

営業利益の設定

粗利（売上総利益）の計算ができたら、次は営業利益を設定していきます。営業利益とは、粗利から販管費（販売費および一般管理費）を引いたものをいいます。

➡ 営業利益 = 粗利 − 販管費

→68ページ参照

DOWNLOAD

STEP 1 | 売上高の設定

売上高＝客数×客単価

【客数を設定する】

●技術客数

技術客数の算出方法はいくつかあるが、ここでは代表的な2通りの方法を例にして算出する。

①技術者1人あたりの月間技術客数から算出

月間技術客数＝技術者数×技術者1人あたりの月間技術客数

➡技術者1人が施術できる人数は、その技術者の技術スキルやサポートするアシスタントの数によって変わる。状況を踏まえ技術者1人あたりの技術客数を割り出し、客数を算出する。

［技術客数の例］・技術者1人あたりの月間技術客数から算出

技術者数	5名
技術者1人あたりの月間客数	150名
月間技術客数	750名

750名（月間技術客数）＝
5名（技術者数）×150名（技術者1人あたりの月間技術客数）

②セット面から月間技術客数を算出

月間技術客数＝セット面数×セット面1台あたりの月間稼働数

➡お客様の平均滞在時間を考慮して稼働数を設定していく。セット面やシャンプー台数等から客数を算出した場合は、その客数をこなすだけのスタッフ数がいるかを確認する必要がある。スタッフの採用・雇用には、求人費や教育費など多額の費用がかかり、開業後は人件費が毎月発生する。集客シミュレーションと併せて客数が妥当な数字かどうか検討しよう。
※セット面：カット・カラー・パーマ等の施術を行なうお客様用の椅子とミラー。

［技術客数の例］・セット面から月間技術客数を算出

セット面数	10名
セット面1台あたりの月間稼働数	75名
月間技術客数	750名

750名（月間技術客数）＝
10面（セット面）×75回転（セット面1台あたりの月間稼働数）

●店販客数

①店販購入率から月間店販客数を算出

月間店販客数＝月間技術客数×店販購入率

➡美容室内での店販購入は、施術を受けたお客様が購入するのが一般的。ここでは、施術を受けたお客様のうち何%のお客様が店販を購入するかをもとに算出していく。

［店販客数の例］・店販購入率から月間店販客数を算出

月間技術客数	750名
店販購入率	10%
月間店販客数	75名

75名（月間店販客数）＝
750名（月間技術客数）×10%（店販購入率）

【客単価を設定する】

●技術単価

メニュー内容・価格・利用比率から客単価を算出する

➡技術単価を決めるには、まずメニューの設定をする必要がある。どんな施術を行なうのか、そのメニュー内容・価格・利用比率を設定する。

※利用比率：そのメニューをどれくらいのお客様が利用するかという確率

メニュー毎技術単価 ＝ メニュー金額 × 利用比率 → 技術単価(合計) ＝ メニュー毎技術単価の合算

［技術単価の例］

メニュー名	メニュー金額	利用比率	メニュー毎技術単価
カット	¥4,500	90%	¥4,050
カラー	¥5,500	30%	¥1,650
パーマ	¥7,000	15%	¥1,050
トリートメント	¥2,500	10%	¥250
技術単価（合計）			¥7,000

7,000円（技術単価）＝
4,050円（カット）＋ 1,650円（カラー）＋
1,050円（パーマ）＋ 250円（トリートメント）

●店販単価

サロンで販売する商品内容・価格・購入比率から店販単価を算出する

➡店販単価を決めるには、まず取り扱いをする商品（店販）を決める必要がある。どんな商品を取り扱うのか、その商品内容・価格・購入率を設定する。

※購入率：店販を購入するお客様のうち、その商品をどれくらい購入するかという確率

商品毎店販単価 ＝ 商品毎単価 × 購入率 → 店販単価（合計）＝ 商品毎店販単価の合算

［店販単価の例］

商品名	商品毎単価	購入率	商品毎店販単価
シャンプー	¥1,500	50%	¥750
トリートメント	¥2,100	50%	¥1,050
ヘアスプレー	¥2,500	5%	¥125
ワックス	¥1,500	5%	¥75
店頭単価（合計）			¥2,000

2,000円（店販単価）＝
750円（シャンプー）＋
1,050円（トリートメント）＋
125円（ヘアスプレー）＋ 75円（ワックス）

【売上高の算出】

客数と客単価が設定できたら、美容室の売上高を算出する。

技術売上 ＝ 技術客数 × 技術単価

店販売上 ＝ 店販客数 × 店販単価

［売上高の例］

売上高（a+b）	¥5,400,000
a.技術売上（i×ii）	¥5,250,000
i.技術客数	750
ii.技術単価	¥7,000
b.店販売上（iii×iv）	¥150,000
iii.店販客数	75
iv.店販単価	¥2,000

DOWNLOAD

STEP 2 | 粗利（売上総利益）の設定

粗利（売上総利益）＝売上高－仕入高（売上原価）

【技術原価を設定する】

●技術原価率

技術原価を設定するために、まず技術原価率を算出する。技術原価率とは、技術サービスを提供するためにどれくらいの材料費（技術原価）をかけたかという指数のこと。カットやカラーを施術するのにどれくらいの材料を使用するのか確認してみよう。

技術原価率＝技術原価（合計）÷技術単価（合計）

参考：技術原価率の数値目安は、サロンの規模等により変動するが、一般的には「技術売上の9～12%程度」となる。たとえば多店舗展開しているサロンの場合は、全店舗で使用する材料の量が非常に多いので、メーカーや仕入業者と交渉して仕入値を安く抑えられるケースもある。

［技術原価率の例］

【技術単価】

メニュー名	メニュー金額	利用比率	メニュー毎技術単価
カット	¥4,500	90%	¥4,050
カラー	¥5,500	30%	¥1,650
パーマ	¥7,000	15%	¥1,050
トリートメント	¥2,500	10%	¥250
技術単価（合計）			¥7,000

【技術原価 ※対：技術単価】

メニュー名	メニュー毎材料費	利用比率	メニュー毎技術原価
カット	¥450	90%	¥405
カラー	¥550	30%	¥165
パーマ	¥700	15%	¥105
トリートメント	¥250	10%	¥25
技術原価（合計）			¥700

メニュー毎技術原価＝メニュー毎材料費×利用比率 → 技術原価（合計）＝メニュー毎技術原価の合算

【技術原価率】

技術原価（¥700）÷技術単価（¥7,000）×100＝10%

【店販原価を設定する】

●店販原価率

店販原価を設定するために、まず店販原価率を算出する。店販原価率とは、販売する商品の仕入値はどれくらいかかるのかという指数。販売を予定している商品の仕入値を、仕入れを予定しているメーカーや仕入業者に確認してみよう。

店販原価率＝店販原価（合計）÷店販単価（合計）

参考：店販原価率の数値目安は、サロンの規模等によって変動するが、一般的には「店販売上の60～70%程度」となる。

■売上原価を下げる2つの方法

①技術材料費の削減

［施策例］・メニュー毎に使用目安を設定、使用量の管理をする。

②商品（材料や店販品）の仕入値を下げる

［施策例］・仕入業者との交渉

※インターネット通販業者によっては、購入額や購入回数により値引きや特典を付ける「VIP会員制度」等がある。また、一括大量購入や長期間の取引を前提に値引きする業者もある。

・自社PB（プライベートブランド）商品の開発

[店販原価率の例]

【店販単価】

商品名	商品毎単価	購入率	商品毎店販単価
シャンプー	¥1,500	50%	¥750
トリートメント	¥2,100	50%	¥1,050
ヘアスプレー	¥2,500	5%	¥125
ワックス	¥1,500	5%	¥75
店販単価（合計）			¥2,000

【店販原価 ※対：店販単価】

商品名	商品毎仕入値	購入率	商品毎店販原価
シャンプー	¥1,050	50%	¥525
トリートメント	¥1,470	50%	¥735
ヘアスプレー	¥1,750	5%	¥88
ワックス	¥1,050	5%	¥53
店販原価（合計） ※対：店販単価			¥1,400

商品毎店販原価 ＝ 商品毎仕入値 × 購入率 → 店販原価（合計）＝ 商品毎店販原価の合算

【店販原価率】

店販原価（¥1,400）÷ 店販単価（¥2,000）× 100 ＝ 70%

【仕入高（売上原価）を算出】

技術原価と店販原価が設定できたら、仕入高（売上原価）を算出する。

技術原価 ＝ 技術売上 × 技術原価率

店販原価 ＝ 店販売上 × 店販原価率

仕入高 ＝ 技術原価 ＋ 店販原価

★ポイント★

仕入高（売上原価）とは、「売れた分に対する原価」のこと。サロンではメーカーやディーラーから材料を仕入れるが、その仕入れた材料すべてが仕入高になるわけではない。あくまで技術に使用した分、店販で売れた分だけが仕入高となる。仕入れた材料でまだ使用していないものは「資産」となる。

[仕入高の例]

①売上高（a+b）	¥5,400,000
a.技術売上	¥5,250,000
b.店販売上	¥150,000
②仕入高（c+d）	¥630,000
c.技術原価（a×技術原価率 10%）	¥525,000
d.店販原価（b×店販原価率 70%）	¥105,000

仕入高（売上原価）＝ 期首在庫 ＋ 当期仕入 － 期末在庫

【粗利（売上総利益）を算出する】

仕入高の設定ができたら、粗利（売上総利益）を算出する。

粗利（売上総利益）＝ 売上高 － 仕入高

[粗利の例]

①売上高（a+b）	¥5,400,000
a.技術売上	¥5,250,000
b.店販売上	¥150,000
②仕入高（c+d）	¥630,000
c.技術原価	¥525,000
d.店販原価	¥105,000

③粗利（①−②）	¥4,770,000
e.技術粗利（a−c）	¥4,725,000
f.店販粗利（b−d）	¥45,000

DOWNLOAD

STEP 3 | 営業利益の設定

営業利益 ＝ 粗利（売上総利益）－ 販管費（販売費および一般管理費）

①販管費（販売費および一般管理費）とは

販売費とは販売活動において直接要した費用のことをいい、広告宣伝費、販売促進費、営業社員の人件費などがここに入る。また、一般管理費とはサービスを生み出すために直接使った費用ではないが、美容室を運営するために必要な費用のことをいい、間接部門の人件費、法定福利費、福利厚生、研修費、家賃、旅費交通費、通信費、水道光熱費、消耗品費、租税公課、減価償却費、保険料などがここに入る。

②販管費の設定基準

販管費は何を基準に設定すればいいのか考えていく。

Ⅰ．これまで働いていたサロンの数値を参考に設定する

開業する前に勤めていたサロンの数値を参考にするのもひとつの方法。メニュー内容・使用する材料・出店エリア等に大きな違いがなければ、その数値を参考にすることができる。

Ⅱ．平均値を参考に設定する

以下は、一般的なサロンの販管費の数値目安。

- ■人件費は、売上高の50%以下にすることを目指す
- ■水道光熱費は売上高の5%以下にすることを目指す
- ■家賃は売上高の10%以下にすることを目指す
- ■減価償却の目安：内装工事10年、理美容機器5年、空調機器6年など

［営業利益の例］

項目			金額
①売上高			5,400,000
②仕入高			630,000
③粗利			4,770,000
④販管費			3,755,400
人件費	対：売上高	46%	2,486,400
給与手当	対：売上高	41%	2,220,000
法定福利費（社会保険）	対：給与手当	12%	266,400
水道光熱費	対：売上高	3%	162,000
広告宣伝費	対：売上高	3%	162,000
家賃	対：売上高	10%	540,000
減価償却費	対：売上高	1.3%	70,000
リース料	対：売上高	0.6%	35,000
車両費/旅費交通費	対：売上高	0.9%	50,000
その他経費	対：売上高	5%	250,000
⑤営業利益（③－④）			1,014,600
⑥営業利益率（⑤÷①）			19%

DOWNLOAD

単月の目標収支シミュレーションの例

ステップ1〜ステップ3（P64〜68）までで設定した数字をもとに書き込んでみよう。

［記入例］

項目			金額	備考
①売上高（a+b）			5,400,000	
a.技術売上（i×ii）			5,250,000	
i.技術客数			750	
ii.技術単価			7,000	
b.店販売上（iii×iv）			150,000	
iii.店販客数			75	
iv.店販単価			2,000	
②仕入高（c+d）			630,000	
c.技術原価（a×技術原価率 10%）			525,000	技術売上の9〜12%程度
d.店販原価（b×店販原価率 70%）			105,000	店販売上の6〜7掛け程度
③粗利（①−②）			4,770,000	
e.技術粗利（a−c）	対：技術売上	90%	4,725,000	
f.店販粗利（b−d）	対：店販売上	30%	45,000	
④販管費			3,755,400	
人件費	対：売上高	46%	2,486,400	
給与手当	対：売上高	41%	2,220,000	賞与、歩合も含めて月割額を計算
法定福利費（社会保険）	対：給与手当	12%	266,400	給与手当の約12%
水道光熱費	対：売上高	3%	162,000	
広告宣伝費	対：売上高	3%	162,000	
家賃	対：売上高	10%	540,000	売上の10%以下に
減価償却費	対：売上高	1.3%	70,000	内装・設備などの資産に対して
リース料	対：売上高	0.6%	35,000	器具等のリースがある場合のみ
車両費/旅費交通費	対：売上高	0.9%	50,000	
その他経費	対：売上高	5%	250,000	
⑤営業利益（③−④）			1,014,600	
⑥営業利益率（⑤÷①）			19%	

現金収支

⑦減価償却費加算（+で記載）	70,000	現金支出ではないので戻し入れる
⑧ローン返済額（−で記載）	−120,000	経費ではない現金支出
⑨月間現金収支（=⑤+⑦−⑧）	964,600	

セット面あたり売上	10面	540,000	■60万超え目標（繁盛サロン平均67.8万円）
スタッフ1人あたり売上	9人	600,000	■60万超え目標（繁盛サロン平均64.1万円）
坪あたり売上	35坪	154,286	■15万超え目標（繁盛サロン平均18.2万円）

■技術材料費は、技術売上の9〜12%程度を目安に
■店販原価は、店販売上の6〜7掛け（60%〜70%）を目安に
■人件費は、売上高の50%以下にすることを目指す
■水道光熱費は、売上高の5%以下にすることを目指す
■家賃は、売上高の10%以下にすることを目指す
■減価償却の目安：内装工事10年、理美容機器5年、空調機器6年など

1年の目標収支シミュレーション

単月の目標収支シミュレーションができたら、次はその数字をもとに、月次（1か年分）の収支シミュレーションを作成していきます。

オープン初月から目標数値を達成することは、新規店ではなかなか難しいのが現状です。とはいっても、早い段階で経営を軌道に乗せることができなければ、運転準備金が底をつき、お店を続けることができなくなってしまいます。

そこで、前項で設定した単月の目標収支シミュレーションの数字が、どれくらいの期間で達成できれば経営が軌道に乗っていくのかを考えていきます。

利益が出るまでの運転準備金額から期間を設定する

経営が安定せず利益が出ない期間は、運転準備金を使って経営を続けていかなければなりません。当然、いつまでも利益が出ず、運転準備金が底をつくとお店を存続させることが難しくなります。

シミュレーションでは、余裕を持って、運転準備金の半分くらいは残っている間に単月目標数値を達成できるように設定しましょう。

なお、一般的な運転準備金の目安は、想定月間経費（販管費）の3か月分程度となります。

スタッフ毎の売上予想から軌道に乗せるまでの期間を設定する

すでに指名客を多く持っているスタッフがいる場合は、売上予測が立てやすくなります。スタッフ毎に指名客数を把握し、それをもとに軌道に乗るまでの期間を計算してみましょう。

まだ指名客がなく、新規に集客する必要がある場合は、集客プロモーションの効果を予測し、予想集客数から期間を設定しましょう。

指名客を持っていたとしても、開業の際に店舗

DOWNLOAD

月次収支シミュレーション（1か年分）の例

〈月次収支シミュレーション（1か年分）〉

項目	目標（基準値）	1月		12月	年間合計
①売上高（a+b）	5,400,000	3,456,000	00	5,137,500	54,509,625
a.技術売上（i×ii）	5,250,000	3,360,000	00	4,987,500	52,933,125
ⅰ.技術客数	750	600	50	750	8,250
ⅱ.技術単価	7,000	5,600	50	6,650	6,416
b.店販売上（iii×iv）	150,000	96,000	00	150,000	1,576,500
ⅲ.店販客数	75	60	75	75	825
ⅳ.店販単価	2,000	1,600	00	2,000	1,911
②仕入高（c+d）	630,000	403,200	50	603,750	6,398,863
c.技術原価（a×技術原価率 10%）	525,000	336,000	50	498,750	5,293,313
d.店販原価（b×店販原価率 70%）	105,000	67,200	00	105,000	1,103,550
③粗利（①−②）	4,770,000	3,052,800	50	4,533,750	48,112,763
e.技術粗利（a−c）	4,725,000	3,024,000	50	4,488,750	47,639,813
f.店販粗利（b−d）	45,000	28,800	00	45,000	472,950
④販管費	3,755,400	3,697,080	25	3,747,525	44,756,089
人件費	2,486,400	2,486,400	00	2,486,400	29,836,800
給与手当	2,220,000	2,220,000	00	2,220,000	26,640,000
法定福利費（社会保険）	266,400	266,400	00	266,400	3,196,800
水道光熱費	162,000	103,680	25	154,125	1,635,289
広告宣伝費	162,000	162,000	00	162,000	1,944,000
家賃	540,000	540,000	00	540,000	6,480,000
減価償却費	70,000	70,000	00	70,000	840,000
リース料	35,000	35,000	00	35,000	420,000
車両費/旅費交通費	50,000	50,000	00	50,000	600,000
その他経費	250,000	250,000	00	250,000	3,000,000
⑤営業利益（③−④）	1,014,600	−644,280	25	786,225	3,356,674
⑥営業利益率（⑤÷①）	19%	−19%	%	15%	6%

現金収支

⑦減価償却費加算（+で記載）	70,000	70,000	00	70,000	840,000
⑧ローン返済額（−で記載）	−120,000	−120,000	00	−120,000	−1,440,000
⑨月間現金収支（=⑤+⑦−⑧）	964,600	−694,280	25	736,225	2,756,674

セット面あたり売上	10面	540,000	345,600	50	513,750	5,450,963
スタッフ1人あたり売上	9人	600,000	384,000	33	570,833	6,056,625
坪あたり売上	35坪	154,286	98,743	36	146,786	1,557,418

〈軌道に乗るまでの変動指数〉

技術客数	100%	80%	%	100%	92%
技術単価	100%	80%	%	95%	91%
店販客数	100%	80%	%	100%	92%
店販単価	100%	80%	%	100%	95%

指名客数の検証ポイント

これまで働いていた美容室と以下の項目に違いがあると失客の可能性が高まります。

- ・出店エリア（最寄駅）が変わる
- ・メニュー内容（サロンコンセプト）が変わる

お客様とスタッフの信頼・親密度を確認する方法

- ・どれくらいの期間指名をもらっているか
- ・お客様とのコミュニケーション頻度

→SNS等で繋がっているか

の場所が移転したり、サービスメニュー内容等が変わったりすると、お客様が離れてしまう（失客する）可能性もあります。

長期的スパンの年次目標収支シミュレーション

美容室を長期にわたって経営していくための指標として、ある程度長いスパンで見た収支チェックも必要です。

そこで、前述した「単月」と「1か年」の目標収支シミュレーションをもとに、今度は年次の収支シミュレーションを作成しましょう。初期投資費用の融資返済期間にもよりますが、最低3年分は作成することをおすすめします。

年次収支シミュレーションの設定の仕方は、基本的には、単月および1か年のシミュレーションの設定の積み重ねで問題ありません。

しかし、長期的スパンで見るときは、以下のような観点も盛り込んで設定していきます。

①美容室とスタッフの夢やビジョン

将来どのような美容室（会社）にしていきたいのか、オーナーとスタッフの夢やビジョンを実現するためには、どのような年次収支シミュレーションを立てればよいのか考えて作成しましょう。

開業準備の段階で、採用するスタッフが決定している場合は、事前にスタッフの夢やビジョンについてヒアリングしてみましょう。

②初期投資費用の返済期間

開業のためにかかった初期費用をどのくらいの期間で返済したいのか、そして、設定した期間で返済するためには、どのような収支シミュレーションを立てればよいのか考えましょう。

融資を受けている場合は、その返済期間をもとに算出するケースもありますが、開業当初では先々の売上が安定しないため、返済期間を長めに設定するケースが多いようです。

DOWNLOAD

年次収支シミュレーション(3か年)の例

ステップ1～ステップ3(P64～68)までで設定した数字をもとに書き込みましょう。

〈年次収支シミュレーション(3か年)〉

項目	1か年	2か年	3か年
①売上高 (a+b)	54,509,625	59,960,588	65,956,646
a.技術売上 (i×ii)	52,933,125	58,226,438	64,049,081
i.技術客数	8,250	8,318	9,150
ii.技術単価	6,416	7,000	7,000
b.店販売上 (iii×iv)	1,576,500	1,734,150	1,907,565
iii.店販客数	825	867	954
iv.店販単価	1,911	2,000	2,000
②仕入高 (c+d)	6,396,863	7,036,549	7,740,204
c.技術原価 (a×技術原価率 10%)	5,293,313	5,822,644	6,404,908
d.店販原価 (b×店販原価率 70%)	1,103,550	1,213,905	1,335,296
③粗利 (①−②)	48,112,763	52,924,039	58,216,443
e.技術粗利 (a−c)	47,639,813	52,403,794	57,644,173
f.店販粗利 (b−d)	472,950	520,245	572,270
④販管費	44,756,089	45,610,906	46,790,788
人件費	29,836,800	29,836,800	29,836,800
給与手当	26,640,000	26,640,000	26,640,000
法定福利費 (社会保険)	3,196,800	3,196,800	3,196,800
水道光熱費	1,635,289	1,635,289	1,635,289
広告宣伝費	1,944,000	1,798,818	1,978,699
家賃	6,480,000	6,480,000	6,480,000
減価償却費	840,000	840,000	840,000
リース料	420,000	420,000	420,000
車両費/旅費交通費	600,000	600,000	600,000
その他経費	3,000,000	4,000,000	5,000,000
⑤営業利益 (③−④)	3,356,674	7,313,132	11,425,654
⑥営業利益率 (⑤÷①)	6%	12%	17%

現金収支

⑦減価償却費加算 (+で記載)	840,000	840,000	840,000
⑧ローン返済額 (−で記載)	−1,440,000	−1,440,000	−1,440,000
⑨年間現金収支 (=⑤+⑦−⑧)	2,756,674	6,713,132	10,825,654

セット面あたり売上	10面	5,450,963	5,996,059	6,595,665
スタッフ1人あたり売上	9人	6,056,625	6,662,288	7,328,516
坪あたり売上	35坪	1,557,418	1,713,160	1,884,476

伸長率(対前年売上比)

技術売上	100%	110%	110%
店販売上	100%	110%	110%

事業計画書の作り方③

戦略を立てて数字に落とし込もう！

事業計画書はシミュレーションした数字を達成するための戦略を立てて、はじめて実際に使える内容になります。

設定した目標数値を最小単位まで分解する

事業計画書で設定した売上目標を達成するためには、どのように達成するかという「戦略」を立てることが必要です。戦略を立てるうえで一番大切なことは、「指標となる数字をわかりやすくする」ということです。たとえば、100万円を売上目標とした場合、漠然と売上100万円を目標としても、その数値を達成するためにどんな施策を打てばよいのか考えにくいと思います。100万円という売上を達成するためには、その売上をどのように構成すればよいのか、その内容を明らかにする必要があります。

3・1で見たように、美容室の売上を構成するものは、「①客数」と「②客単価」の2つに分けられます。これをさらに分解すると、客数は「新規客数」と「リピート客数」に、客単価は「技術単価」と「店販単価」に分けられます（左図参照）。

美容室の売上構成を分解してみる

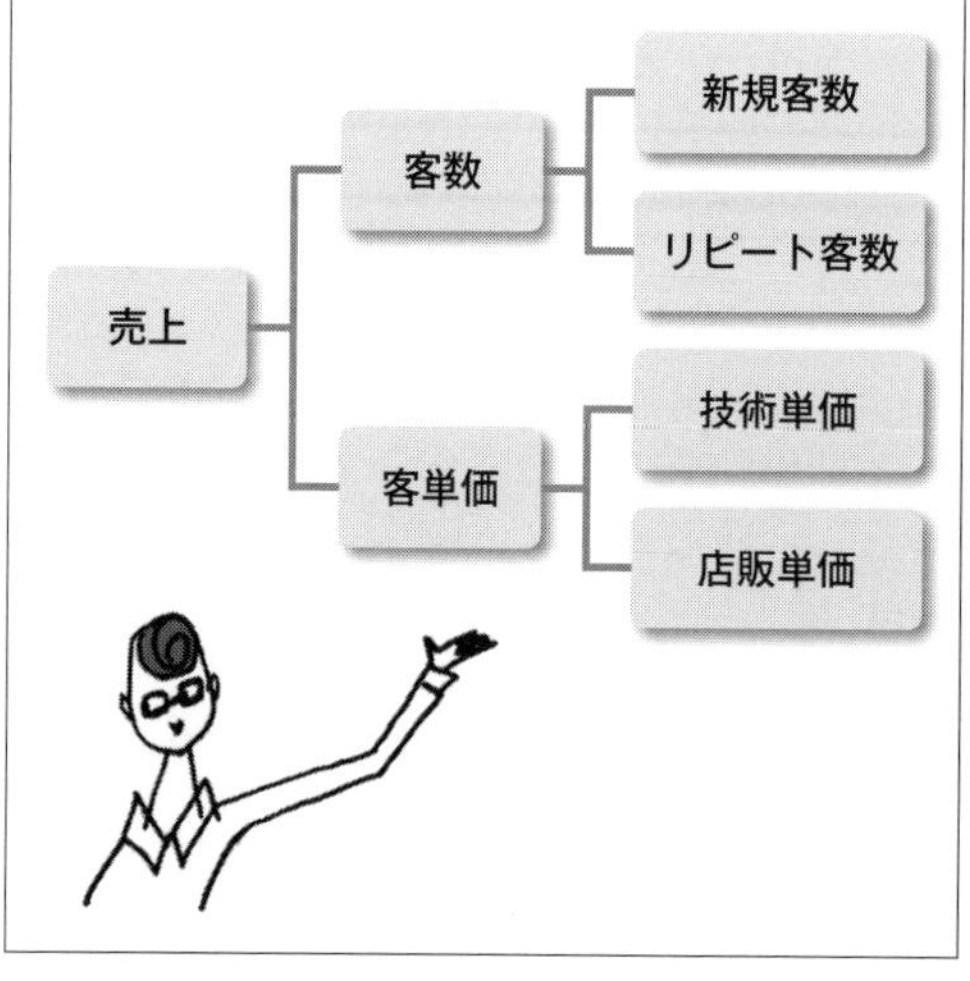

細分化した各要素に目標数字を設定しよう

次に、売上目標が100万円の美容室を例に、先ほど細分化した各要素に目標数値を割りあててみましょう。

先ほどのシミュレーションのように、まずは客単価から考えます。技術単価と店販単価に想定される数字を入れ、その合計額を客単価に記入します。次に、「売上÷客単価」で割り出した数字を「客数」に記入し、それを「新規客数」と「リピート客数」に振り分けます（下図参照）。なお、新規開業の場合は前職から引き継いだ客数をリピート客数とします。

この作業によって、売上目標を達成するために1人のお客様からどれくらいの金額のメニューや商品を売り上げればよいのか、また、何人のお客様に来店してもらえばよいのかが明確になります。

こうして目標を明確にしてから、「新規客数」と「リピート客数」を集めるために具体的にどんな施策を打てばいいのか、そして、お客様から「技術単価」「店販単価」をいただくために、どんな施策が必要なのかを考えていきます。

これらを考える作業が、「売上目標を達成するための戦略作り」です。次の項目からは、「客数」と「客単価」を上げるための施策について、具体的に見ていきましょう。

売上構成に金額を割り振ろう

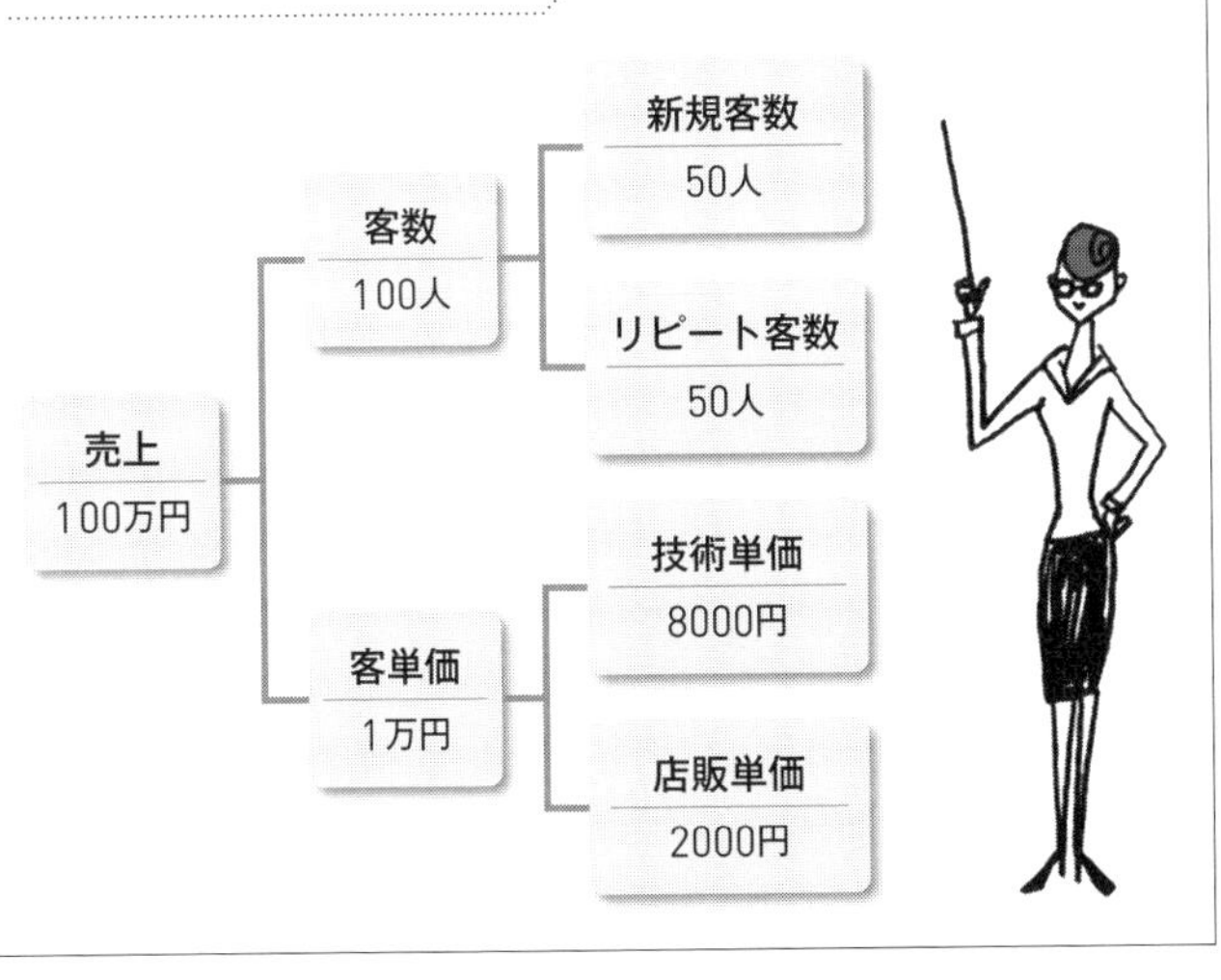

客数アップ戦略❶

新規客を集める5大要素

この項目では、「客数」の2つの要素のうちの「新規客数」を集める方法について説明します。新規客数をアップするために、まずこれだけは押さえておきましょう！

前項で説明した客数の要素のひとつ「新規客数」は、さらに5つの要素に分けられます。この5大要素ごとに目標人数を割り振り、集客のための施策を検討します（左図参照）。

新規客アップの5大要素と目標人数の割り振り例

- ❶ 紹介　客数5人
- ❷ 口コミ　客数5人
- ❸ 販促ツール　客数15人
- ❹ 営業活動　客数5人
- ❺ 通りがかり　客数20人

5大要素 1

紹介客を増やす

紹介客とは、知人・友人や家族からの紹介によって来店するお客様のことをいいます。

Point 1 紹介には2つの種類がある

紹介には、次の2つがあります。

A・意識した紹介

美容室側がお客様に対し、知人・友人・家族等を紹介してもらえるよう依頼をする。

B・無意識な紹介

お客様が無意識に話したサロンの話から興味を持ったり、SNSなどを見た人が来店する。

Point 2 紹介客を増やすテクニック

紹介客を増やすには、①話題性演出（ネタ作り）と、②同行来店（お客様同士が一緒に来店できる）の仕組みを作る必要があります。

①話題性演出（ネタ作り）

お客様が自分の知人・友人・家族等に思わず話したくなる美容室での話題（ネタ）で、かつ、その話題を聞いた知人等がその美容室に行ってみたいと思うような話題（ネタ）を提供する。

【例】

・誕生月に来店した常連客に対して、サプライズで盛大にお祝いするなどインパクトのある話題を作り、思わず人に話したり、インスタグラムなどSNSに投稿したくなるネタを提供

②同行来店（お客様が一緒に来店できる）

新規客は技術レベルや店内の雰囲気などについて不安を持ちます。もし、その美容室の経験者（友人や家族）とともに来店することができれば、新規客でも安心して来店できます。

紹介客獲得のための代表的な販促ツール

Webでチェック!

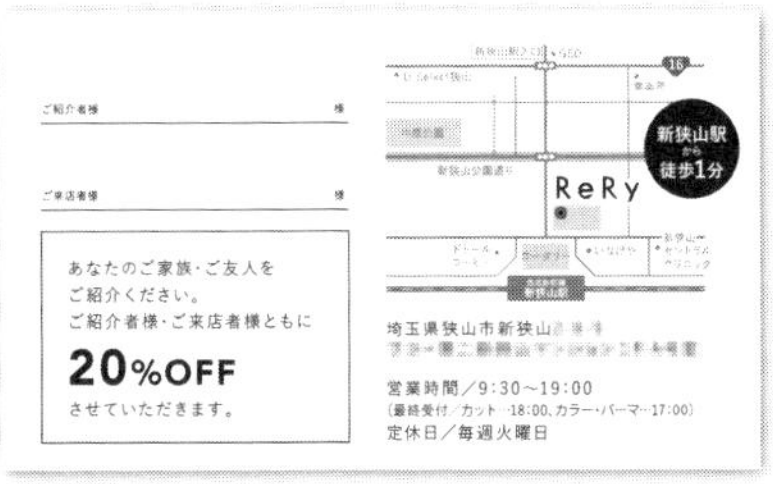

紹介カード
紹介した人、紹介された人ともに特典を用意することで来店までつながりやすくなる。

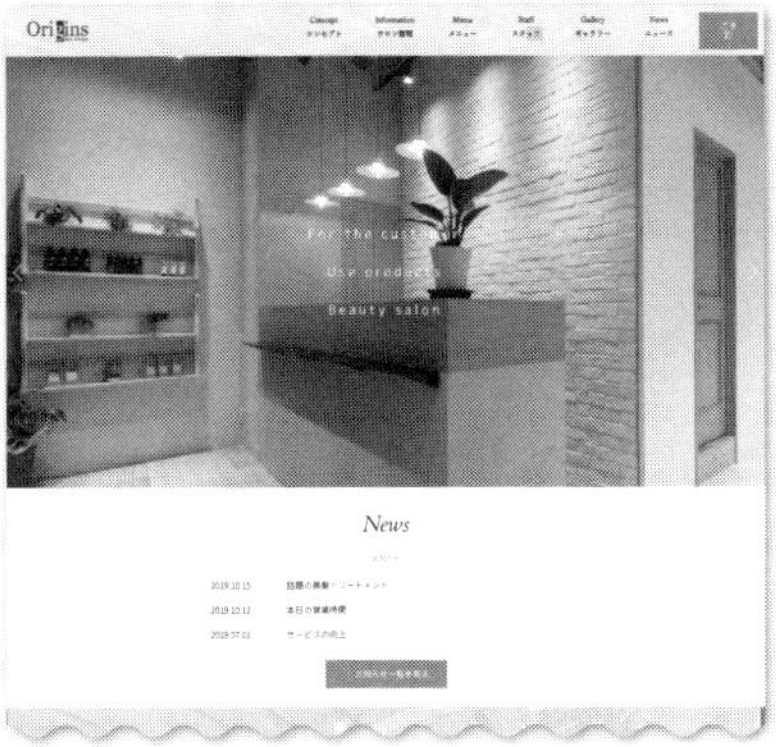

ホームページ
情報は1画面の中に載せすぎず、スクロールをしてもらえるようにあえてシンプルに。

インスタグラム
サロンのアカウントをタグ付けしたり、位置情報を追加してもらうことで、より拡散が見込める。

意識した紹介を促す
- 紹介カード
- ご招待チケット（金券）
- 紹介キャンペーン
- ホームページ

無意識な紹介を促す
- サプライズバースデーイベントを行なう
- インスタグラムなどSNSで話題を提供

同行来店を促す
- カップル、親子割
- まつげやネイルの施術スペースを設ける

5大要素 2

口コミ客を増やす

美容室を利用したお客様がSNSなどで美容室についての「コメント」や「つぶやき」をすると、それを見た第三者が美容室に興味を持って来店することがあります。

Point 1 ネット媒体を利用しよう

一般的に口コミは、不特定多数の間で広がるものです。口コミの拡散方法としては、インスタグラムやフェイスブック等のSNSやグーグルマイビジネス、各ポータルサイトなどの口コミサイトを使用します。

とくにグーグルマイビジネスは、グーグルの検索結果やグーグルマップ上に営業時間やホームページへのリンクなど、サロンの情報が掲載できます。口コミや評価点数も表示され、口コミには返信機能もあり、集客に有益な機能が無料で利用できます。スマートフォンでは、ワンタップで電話できたり、ルート案内の機能もあります。

Point 2 積極的にお願いしよう

来店したお客様に口コミで広げてもらうためには、口コミをお願いする必要があります。口コミ情報を閲覧する人は多いですが、自分から口コミ情報を投稿するお客様は少ないといえます。

【例】

・口コミを投稿してくれたら割引や特別メニューのサービスをするなど

Point 3 ネタ作り（話題性の演出）

口コミ客に対しても、紹介客獲得のときと同様、ネタ作り（話題性の演出）が必要です。何か投稿したくなるようなネタがなければ、お客様はわざわざSNS等にコメントを投稿しません。

5大要素 3

販促ツールによる新規集客

開業時には、紙媒体やネット媒体の広告で美容室を宣伝して新規客の来店を促します。販促ツールには、主に次の2つの役割があります。

①案内ツール

まずは、お客様に美容室の存在を認知してもらわなければなりません。そして、美容室に興味や関心を持ってもらうようにします。

②説明ツール

新規集客のための代表的な販促ツール ①案内ツール

Webでチェック!

表面

裏面

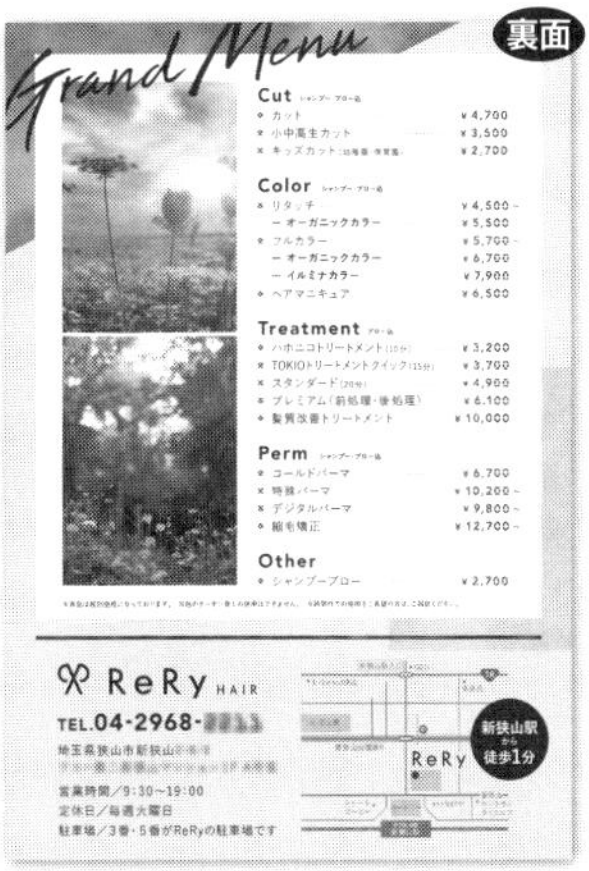

①案内ツール

- ・ポータルサイト
- ・新聞折込みチラシ
- ・ポスティングチラシ
- ・ハンディングチラシ
- ・クーポン誌
- ・ポスター

チラシ

新聞折込み、ポスティング、ハンディングなどの手段で配布し、美容室の存在をアピールするツール。

ポータルサイト

ターゲット（性別・年齢・価値観）と各ポータルサイトの集客力を検討し、費用（月額課金・成果報酬）対効果を考慮して掲載サイトを選択。

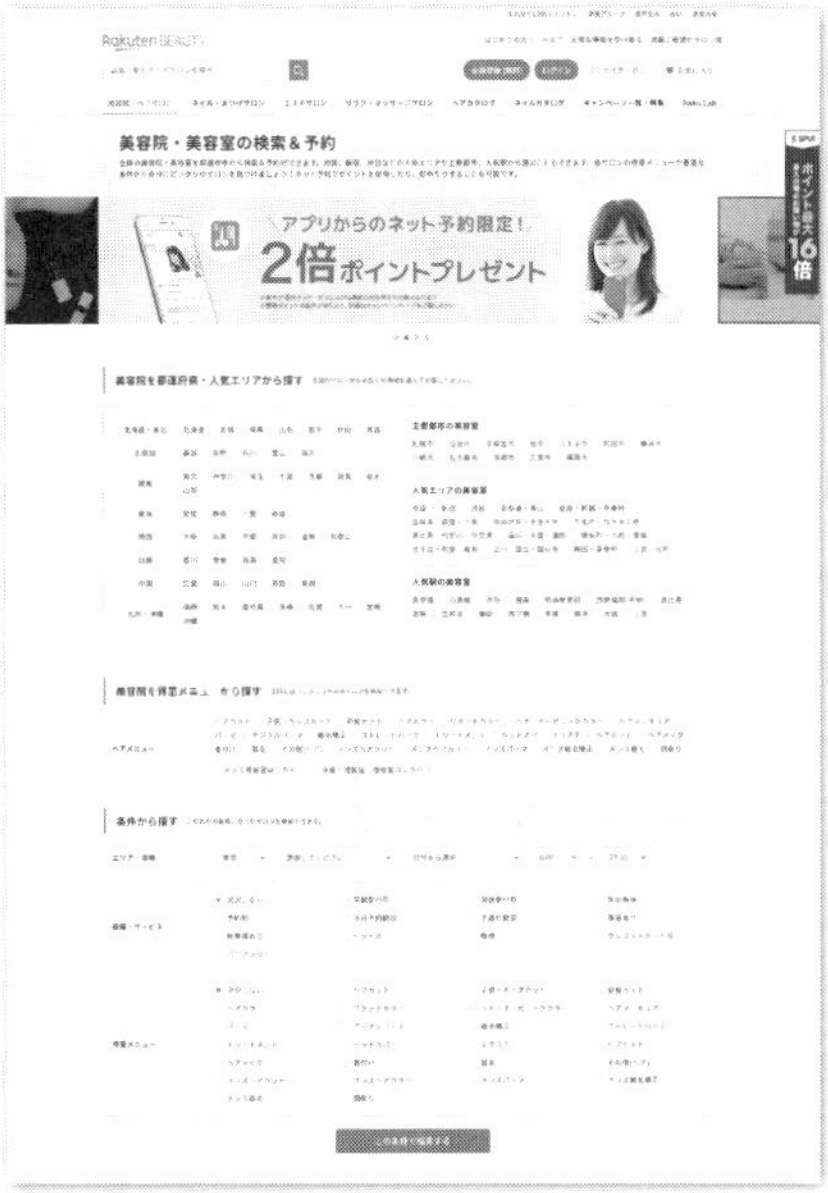

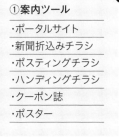

新規集客のための代表的な販促ツール ②説明ツール

Webでチェック!

②説明ツール

・ホームページ
・ポータルサイト
・リーフレット

パソコンサイト

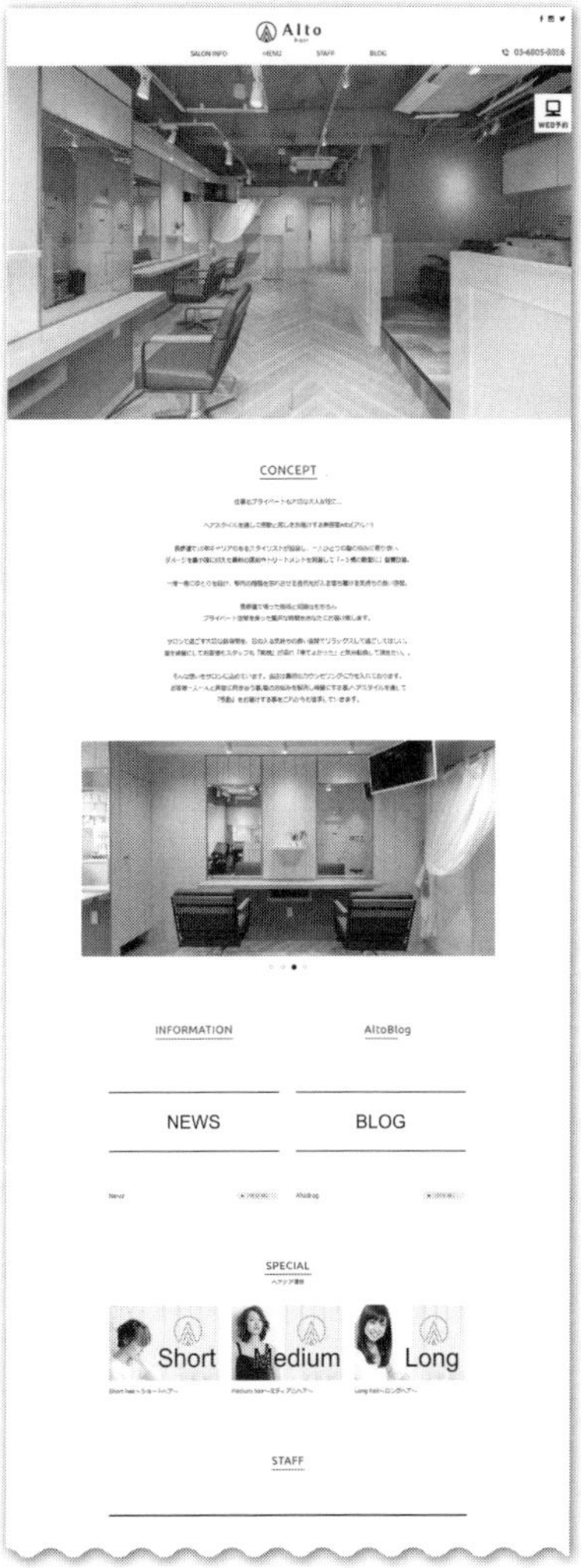

スマホサイト

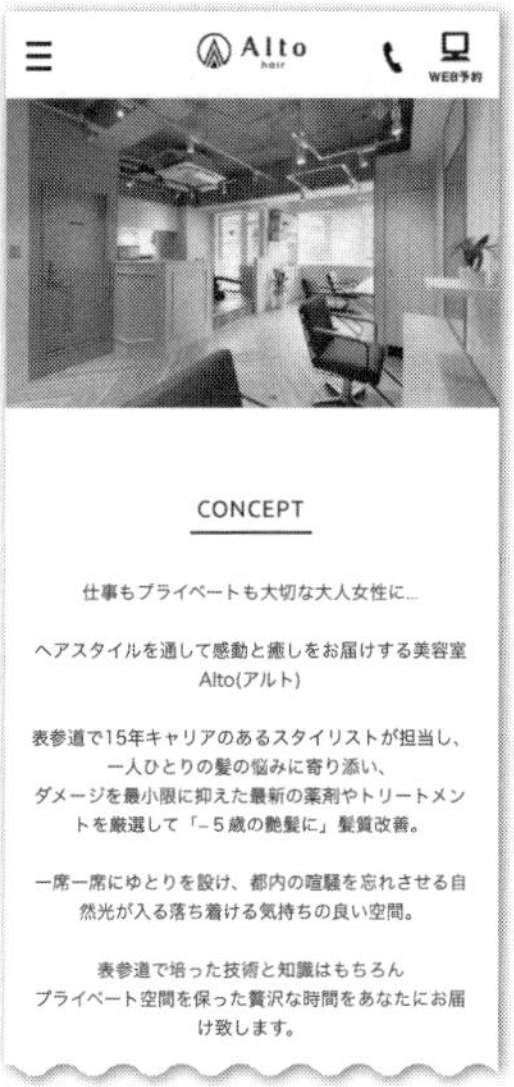

ホームページ
チラシやサロン検索サイトで興味を持ったお客様に向けて、サロンの特徴やスタッフ情報、店内の雰囲気などを写真を使って詳しく案内する。メニューや料金などもしっかり伝える。

チラシなど紙媒体では掲載情報に限りがあるので、QRコードやURLを載せ、PCやスマホのホームページに誘導するほうがベター。

http://www.alto-hair.jp

興味を持ったお客様にお店のことを詳しく知ってもらう目的があります。また、美容室に対して信頼感や満足感を持ってもらうためでもあります。

5大要素 4

営業活動による新規集客

美容室の営業活動には、以下のようなものがあります。

Point 1 サロンを宣伝する場所を増やす

①拠点開発（直接営業と間接営業）

ターゲットがよく通う集客要因施設を選定し、その施設へ拠点開発の営業をかけます。

直接営業とは、たとえば、近くのホテル等に、「御社は社員に対して、身だしなみの徹底を求めていると思いますが、協力させていただけませんか？」などと持ちかけます。具体的には、営業を持ちかけた会社の福利厚生のひとつとして、50％オフの価格で美容室を利用してもらい、割引額の半分の25％を会社に負担してもらうというものです。

もう一方の間接営業とは、ターゲットとなるお客様が通いそうな近くのレストランやトレーニングジム、ネイルサロン、エステサロンなどのトイレやレジ横にショップカードを置かせてもらうなどです。

②エバンジェリストの育成

美容室のロイヤルカスタマー（トップレベルのお得意様。熱心なお客様）をエバンジェリスト（様々な人にお店の良さを説明してくれる人）として起用し、美容室のPRを第三者の立場から行なってもらいます。

ショップカード

Webでチェック！

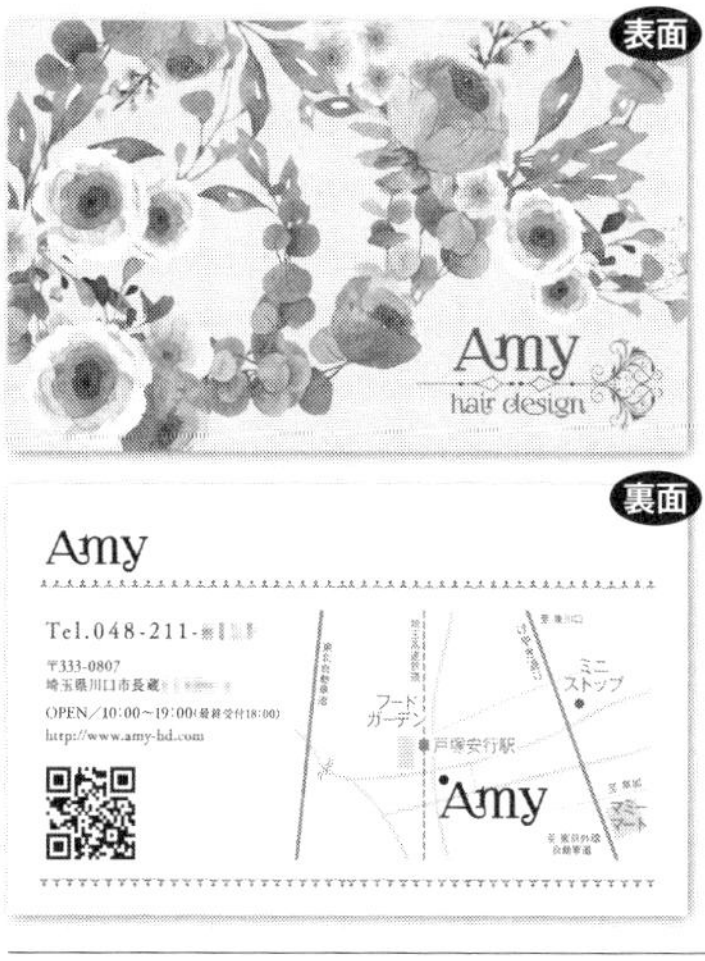

お店の名刺代わりとして、ターゲット客が通いそうな近隣のレストランやトレーニングジムなどに設置。お店を紹介してもらう際に渡してもらう。

たとえば、近くのレストランのオーナーに直接営業をかけ、オーナーと従業員に50％引きで施術する代わりに、レストランのお客様に美容室を紹介してもらえるように依頼します。その際、美容室のお客様にもレストランを紹介することを条件に交渉します。

5大要素 5

通りがかりの新規客を獲得する

美容室の前を通りがかったことをきっかけに来店するお客様もいます。実際に美容室を見るほうが、ウェブのみの情報で店舗を知るよりも来店率が高く、新規客の獲得には重要な要素です。

Point 1 お客様は見ている

店外から美容室を見た時、ガラス張り面積（中が見える面積）が約70％以上あると美容室内の情報が十分に得られるとされ、お客様は来店するか否かを判断できます。お客様は、店内の雰囲気やスタッフの様子、価格や客層などの情報を確認します。

Point 2 来店前の情報提供は万全に

店内を見ただけでは得られない情報は、店外に設置した立て看板や、立て看板に設置したチラシ等を使用してお客様に情報提供します。その際、立て看板やチラシには、ウェブ情報へ誘導するための案内を書いておくといいでしょう。

Webでチェック!

立て看板

手書き看板は単にメニューを書くだけではなく、特徴が一目でわかるように写真などを使い内容を伝える。写真を看板から飛び出させると、よりお客様の注意を引き付けられる。

以上が基本的な施策です。これに独自で考案した施策を加え、各要素の目標数字を達成できる実行プランを作りましょう。

ターゲットを意識してツールを作ろう!

Webでチェック!

Amy《エイミー》 hair designのツール事例

　新規集客ツールには様々な媒体・ツールが存在しますが、やみくもに作ればいいというものではありません。自店のターゲット（来てほしい客層）を意識した内容とアプローチが必要です。ターゲットの特性などをもとに媒体を選定し、想定されるニーズなどからサロンの売りをどうアピールするかを考えましょう。

　エイミーは30～50代の女性をターゲットにしたヘアサロン。アンティーク調をイメージしたデザインで、内装からホームページ、集客ツールまでを統一しています。

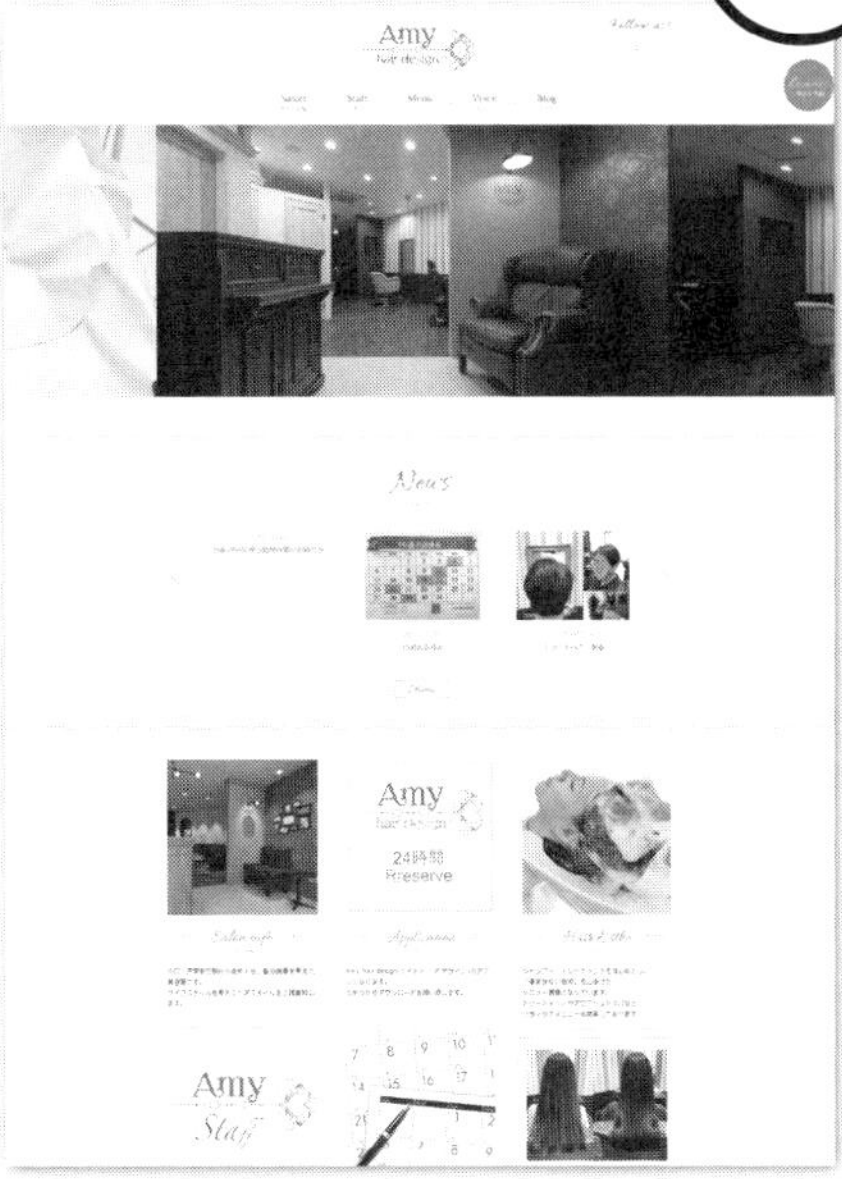

ホームページ

ショップカード

表面

裏面

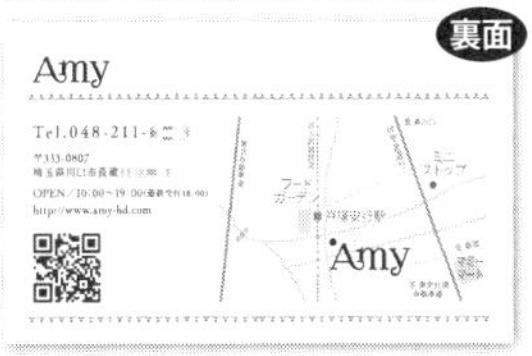

スタッフ名刺

表面

裏面

折込チラシ

表面

裏面

客数アップ戦略❷

リピート客数をアップさせる5大要素

前項の「新規客数」に引き続き、ここでは「客数」のもうひとつの要素である「リピート客数」をアップさせる戦略について見ていきましょう。

「客数」をアップさせるもうひとつの要素は「リピート客数」です。

前項の「新規客数」の場合と同様、「リピート客」を集客する際にも、把握しておきたい5大要素があります（左図参照）。この5大要素それぞれについて施策を考えることで、目標数字の達成を目指します。

リピート客アップの5大要素

❶ 失客率

❷ リピート率

❸ リターン客

❹ 来店スパン

❺ 回転率

5大要素 1

失客率を下げる

美容室を安定して経営していくには、はじめて来店したお客様にもう一度来店していただいたり、常連のお客様に続けて来店していただく必要があります。そのための施策にはどんなものがあるのか考えてみましょう。

Point 1 不満足要素の排除

お客様に満足や感動を与えるといったことを考える前に、まずやらなければいけないのが不満足要素を徹底的に排除することです。

不満足要素の排除を最初にする理由は、ひとつの不満が満足や感動を帳消しにしてしまうからです。たとえば、飲食店でランチをする時、そのお店の内外装デザイン、コストパフォーマンス、料理がよくても、アルバイトスタッフの接客が不快なもので、憤りを感じるくらいひどいものだったとすると、お客様はもう二度とそのお店に行こうとは思いません。

不満足の排除方法

お客様が美容室に来店されてから退店されるまでに、不満に思う可能性のある要素をリストアップします。不満足要因の対策を練る際には、ターゲットを想定しながら考えましょう。

不満足のリストアップには、お客様へのアンケートやカウンセリングを行なうと、より確実な情報が得られます。

Point 2 顧客満足度の向上

不満足要素をすべて排除できたら、次に顧客満足度を向上させることを考えます。サービスに満足しなければ、お客様はもう一度その美容室を利用しようとは思いません。サービスの内容には以下の3つがあり、これらのバランスがよくないと顧客満足度は上がりません。

①技術力

美容室のメイン商品は技術です。顧客満足度を上げるには、ターゲットのお客様を満足させられるだけの技術力を身につける必要があります。どんなに接客力があっても、技術に満足しなければお客様はリピートしてくれません。

②接客力

技術力はもちろん重要なのですが、美容室は接客商売なので、お客様とスタッフとの相性も重要です。

お客様は一度来店すると数時間は滞在します。また、美容室には定期的なニーズがあるので、お客様と美容室は長い付き合いになります。そう考えれば、美容室にとってスタッフのコミュニケーション能力は大切なことがわかります。

③商品力

毎日美容室へ通うお客様はいません。来店しない期間は、お客様は自分でホームケアをすることになります。ホームケアで必要なのがヘアケア商品や化粧品です。お客様に繰り返し美容室を利用してもらうには、ニーズに合った満足度の高い商品を取りそろえておく必要があります。

5大要素 2

リピート率を上げる

来店したお客様がどれくらいの確率で再来店するのかを示したのがリピート率です。この確率を少しでも上げる方法を考えます。

Point 1 再来インセンティブ

顧客満足度に加えて、再来インセンティブをお客様に提供すると、再度来店することの直接的メリットを伝えることができます。1回の来店だけではサロンのメリットは伝わりにくいので、最低3回は来店してもらえる仕組みを考えましょう。

【例】

・ステップアップカード、会員カード等

Point 2 予約環境の整備

お客様は、とくにその美容室に不満がなくても「何となく」来店しなくなります。この対策としては、次のようなことがあります。

①お客様が再来店する際にストレスなくスムーズに予約でき、来店できる仕組みを作ります。

ステップアップカード

Webでチェック!

表面

2回目、3回目…など、来店を重ねるごとに特別な特典を用意しておき、再来店を促す。

裏面

会員カード

Webでチェック!

表面

来店回数や施術料金ごとにポイントがたまり、満欄時の特典を用意することで再来店を促す。

裏面

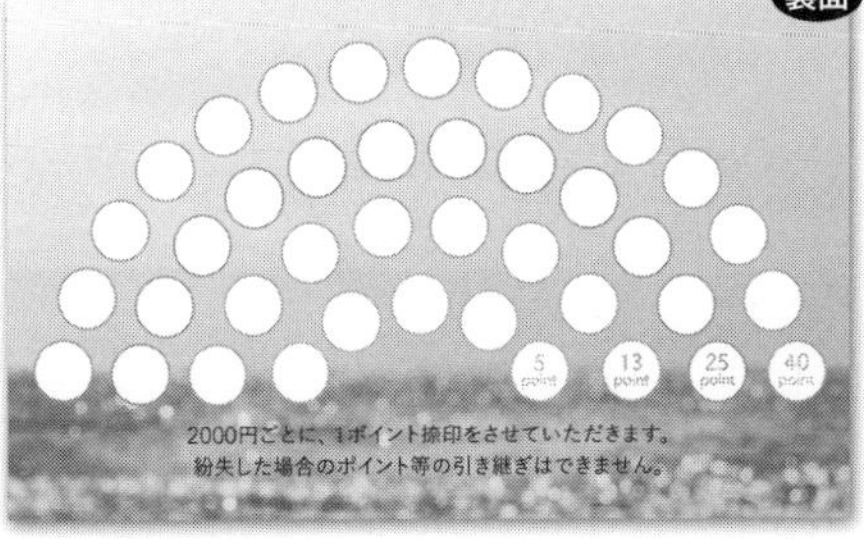

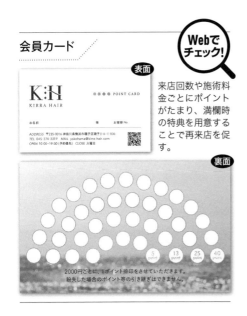

【例】
・予約管理システム、ネット予約等

②お客様の来店周期を予測し、来店のタイミングをお知らせします。

【例】
・アプリの予約管理システムからのプッシュ通知や、サンキューメッセージなど

予約管理システムからのサンキューメッセージ　Webでチェック!

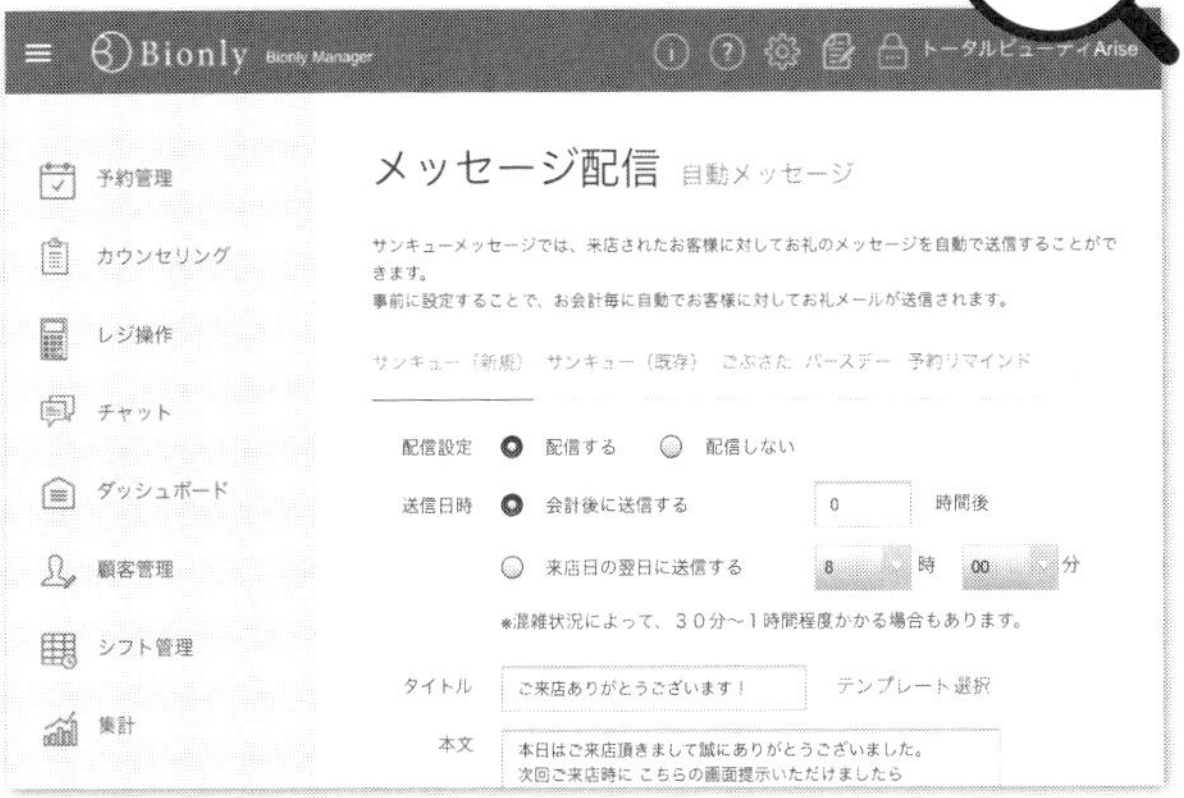

来店されたお客様に感謝の気持ちを伝えるためのメッセージ機能。再来店を促すのに適したタイミングで送ることが大切。

5大要素 3

リターン客（休眠客を呼び戻す）

リターン客とは、しばらく来店されていないお客様や失客の可能性のあるお客様を呼び戻すことです。まずはお客様の来店サイクルを確認し、それに応じて施策を打つようにします。

Point 1 リターン客を分類する

①短期間（半年以内）再来店されていないお客様
まだ完全な失客とは判断できないものの、一定期間来店のないお客様。

②長期間（半年以上）来店されていないお客様
これまでの来店サイクルから判断しても失客と考えられ、長期間（半年以上）来店されていないお客様。

Point 2 リターン客獲得施策

①美容室の再認知
美容室への不満が理由で失客するケースもありますが、特定の理由なく何となく来店しなくなるお客様もいます。まずはお客様へコンタクトを取り、お店の存在を再認知してもらいましょう。

【例】

・メールやDM送付

・SNS（フェイスブック等）から情報発信

②再来インセンティブ

　一定期間来店されていないお客様を呼び戻すことは簡単なことではありません。再認知に加え、再来の際の明確な特典を作るのもひとつの策です。

クーポン付きDM

Webでチェック！

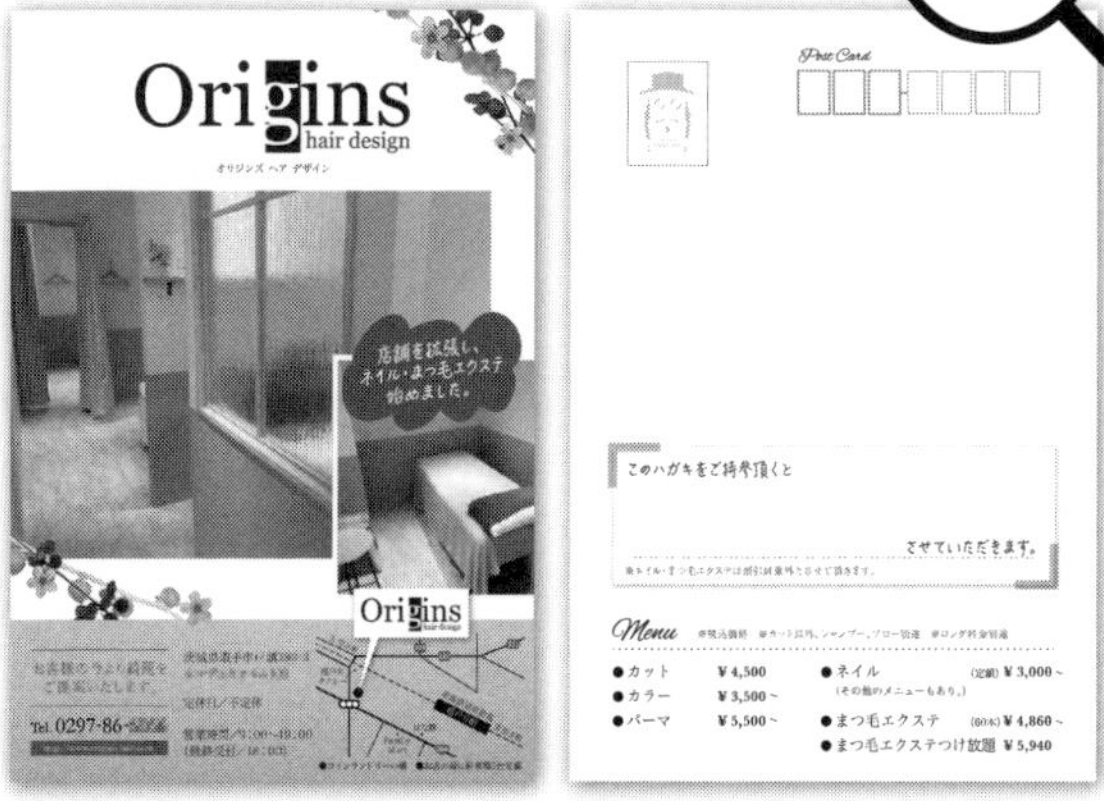

前回の施術メニューの割引やおすすめサービスなど、個々のお客様に向けた特典を記載できるように、スペースを空白にしておく。

　最終来店から期間が空けば空くほど呼び戻せる確率は下がってくるので、期間別に特典内容を変えるのもひとつの方法です。

【例】

・LINE、専用アプリからのクーポン配信

・クーポン付きDMやメールの送付

5大要素 4

来店スパンを早める

　来店スパンとは、お客様の来店サイクルの間隔のことです。1人のお客様の年間利用回数によって、美容室の年間売上は大きく変動します。

Point 1 最適な来店スパンをお伝えする

　お客様がスタイルを維持できるように、最適な来店頻度をお客様に知らせせます。

【例】

・メールやSNSで案内

・会計時におすすめの来店日を案内

Point 2 顧客満足度の向上

　お客様がまた早く美容室へ行きたいと、次回の来店が楽しみになるようなサービスを提供します。

たとえば、トレンドや季節によってメニューバ

リエーションを増やしたり、お客様ごとに特典を変える方法などがあります。

Point 3 再来インセンティブを作る

次回の来店時に使えるクーポン等を提供することで来店を促します。

5大要素 5

回転率を上げる

回転率とは、美容室の稼働率を見るためのひとつの指標です。「セット面毎回転率」「時間帯別客数」「曜日別客数」から指数を見ていきます。

閑散・繁忙のバランスを取り、美容室の稼働率を高めるためにはどうすればよいのか、その要素を考えましょう。

Point 1 セット面毎回転率（スタッフ毎）

セット面毎回転率が向上することにより、施術可能な客数の母数を上げることができます。施術可能な客数が増えれば、リピートのお客様もより多く施術することができ、機会ロスを減らすことができます。

【例】

・スタッフ技術レベルの向上
・施術工程の効率化
・スタッフの人員配置の改善

Point 2 時間帯別客数

設定したターゲット客の特質によっては、閑散する時間帯と繁忙する時間帯が分かれる場合があります。

この閑散と繁忙のバランスを取り、どの時間帯でも安定的な客数を確保することができれば、売上が向上して経営が安定します。

【例】

・時間帯別にターゲットを分ける
・閑散する時間帯に特典を付ける

Point 3 曜日別客数

時間帯別客数と同様に、設定したターゲットによって、閑散・繁忙する曜日が分かれる場合があります。この閑散と繁忙のバランスを取り、どの曜日でも安定的な客数を獲得することができれば売上は向上します。

【例】

・曜日別にターゲットを分ける
・閑散する曜日に特典を付ける
・閑散曜日を定休にして人件費を下げる

3×6

客単価アップ戦略

技術メニューと店頭販売のダブルで売上アップ

「客数」アップのほか、売上をアップさせるもうひとつの要素は「客単価」のアップです。この項目では、「客単価」をアップさせる戦略について考えていきましょう。

売上アップをさせるには、「客数」をアップさせることと、もうひとつは「客単価」をアップさせる2つがありました。この項目では客単価をアップさせる方法を考えます。客単価を上げるためには、上図上のように2大要素があります。

客単価アップの2大要素

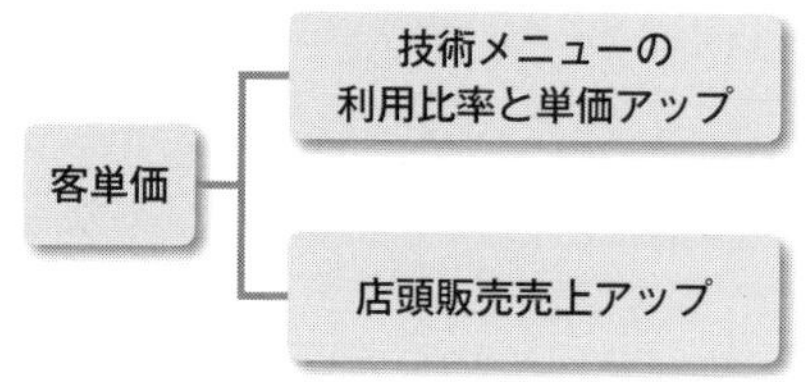

メニューの利用比率と単価の例

カット	（利用比率）90%	（単価）4200円
カラー	（利用比率）30%	（単価）5000円
パーマ	（利用比率）15%	（単価）6000円

2大要素 1

技術メニューの利用比率と単価アップ

技術の客単価は、メニューの利用比率と単価で計算します。単価をアップさせるためには、この2つを上げていく必要があります（上図下参照）。

施術メニューの利用比率と単価アップの代表的な施策には、以下の2つがあります。

①利用比率のアップを狙う施策

お客様に用意したメニューをいかに利用してもらうかの施策を考えます。

【例】

・最新メニューを作る
・機器の導入
・店内ポップにてメニューをアピール

・スタッフの積極的な営業

②単価アップを狙う施策

提供するメニュー（サービス）の価値を高めるための施策を考えます。お客様はサービスを受けた対価としてお金を支払うので、より価値を感じてもらえるような施策を考えましょう。

【例】

・ホームページにスタイルの掲載
・スタッフの紹介
・施術工程や使用している商材の説明

2大要素 2

店頭販売売上を上げる

多くの美容師は、カットやカラー等、ヘアデザインを作ることが美容師の仕事だと考えています。そのため、店頭販売（店販）を積極的に行なうことに抵抗を持つスタッフも少なくありません。お客様や美容室にとって、店販とはどのような意味や役割を持っているのか十分に整理し、スタッフの意識改革を促しましょう。

【例】

・スタッフの店販に対する意識改革
・スタッフのセールス能力を向上させる

スタッフの意識改革ができたら、次はスタッフの商品知識やトークスキルを向上させる必要があります。

【例】

・店販商品のアピール

店内POPやホームページを利用し、お客様へ商品をアピールします。

【例】

・新商品の導入

ヘアデザイン同様に、商品にもトレンドがあります。その時代に合った商品を取りそろえるようにしましょう。

▶販売スキルアップのための接客ストーリー

スタッフの販売スキルをアップさせるには、接客ストーリーを作ることが大切です。

接客ストーリーとは、サロンコンセプトや各戦略をサロンの中でどのように実行するかという行動計画（マニュアル）のことです（次ページ図参照）。スタッフ1人ひとりが迷わず実行できる接客ストーリーを作りましょう。

接客ストーリーの作成手順

DOWNLOAD

1 シーン分け

お客様はサロンの空間をどのような導線（ストーリー）で回るのか、まずその体験するシーンを分類する。

［シーン分けの例］

① 入口　② 受付　③ 待合　④ お通し　⑤ カウンセリング　⑥ 施術　⑦ コールド待ち
⑧ トイレ　⑨ シャンプー　⑩ 仕上げ　⑪ お会計　⑫ お見送り

2 シーン毎の接客ストーリー

シーン分けができたら、そのシーン毎に接客ストーリーを作成していく。サロンコンセプトや各種戦略をどのように実行するのか、綿密にプランを立てよう。

①目的設定

そのシーンでターゲットのお客様に、何を伝えたいのか何を感じてほしいのかを設定する。

［目的の例］

【シーン】入口
【ターゲット設定】新規客
【お客様の心理】初めて来るサロンなので、不安な気持ちと期待する気持ちの両方がある
⬇
【目的】・安心感を与える　・期待以上のサービスを受けられそうだと期待感を持ってもらう

②ゴール設定

ゴールとは、①で設定した目的が達成できたかどうかを「定量的・定性的」に判断するためのもの。設定した目的を果たせているか、しっかり把握する。

［ゴールの例］

【目的】安心感を与える
⬇
【ゴール】お客様を笑顔にする

③接客ストーリー

接客ストーリーとは、サロンコンセプト・目的・ゴールを達成するための戦略（実行プラン）のこと。

Ⅰ. 不満足要因をリストアップ

まずは、そのシーンにおいてお客様に不満足を与える可能性のあるものをリストアップする。目的やゴールを達成するためには、まずこの不満足要因を徹底的に排除する必要がある。不満足がひとつでもあることで、その他のよい事（満足や感動）がすべて帳消しになってしまう。

Ⅱ. 目的・ゴールを達成するための戦略立案

不満足要因を排除できたら、サロンコンセプト・目的・ゴールを達成するための戦略を立案する。

★ワンポイントアドバイス★

不満足ポイントのリストアップや戦略立案には、「エモーショナル・ベネフィット」と「ファンクショナル・ベネフィット」（P57～59参照）を活用する。この2つの観点から戦略を考えることで、抜け漏れなく作ることができる。

[接客ストーリーの例]

入口のシーン

【目的】安心感を与える
【ゴール】お客様を笑顔にする
【ストーリー】
●不満足ポイントと満足・感動ポイント

不満足ポイント

【エモーショナル・ベネフィット】
①視覚 ・ゴミが落ちている
・ドアノブが手油だらけ
②聴覚 ・無音
③嗅覚 ・ペット臭がきつい
※味覚・触覚は該当項目なし

【ファンクショナル・ベネフィット】
・来店してからの流れが悪い
⇒来店してからしばらく放置される
・段差が多く危険（注意喚起もない）

満足・感動ポイント

※コンセプト・目的・ゴールを達成するための戦略

【エモーショナル・ベネフィット】
①視覚 ・清掃が行き届いている
・ハイセンスな内装デザイン
②聴覚 ・好みのBGMが流れている
・スタッフの元気な挨拶
③嗅覚 ・好きなアロマの香りがする
※味覚・触覚は該当項目なし

【ファンクショナル・ベネフィット】
・来店してから受付までがとてもスムーズでスタッフの対応もよい
・バリアフリーで安心して利用できる

●接客トーク
○○様、本日は御予約いただきまして誠にありがとうございます。
お待ちしておりました。
※スタッフ自己紹介やアイスブレイク

★ポイント★
・お客様のお名前を呼ぶ。
・ご挨拶をしたあとに、お客様の緊張をとくために自己紹介やアイスブレイク（雑談等）をする。

★ワンポイントアドバイス★
接客ストーリーが作成できたら、実際にそのストーリーで目的・ゴールが達成できるかロール・プレイング（実践練習）をしてみる。これを行なうことで追加する点や改善点が出て、より精度の高い接客ストーリーを作ることができる。ターゲット客によって感じ方や捉え方は様々なので、可能であれば、そのロール・プレイングはターゲット客に近い人にお客様役をやってもらうとよい。

Hair Salon
chapter 4

第4章

お金がなければ始まらない 美容室の資金調達方法

美容室を開業するためには多額の資金が必要です。
資金調達にはどのような方法があるのか、
お金を借りるためにはどのような条件があるのか見ていきましょう。

4×1

いくらかかる？　開業費用の見積もり方

資金調達を考える前に、開業費用にいくらかかるのか把握しなければ始まりません。どのような費用があるのか、何を基準にその額を決めるのか、その判断基準を説明します。

開業費用はいくらまでかけられる？まずは適正な予算を決める！

開業費用の予算設定は、収支シミュレーションの「営業利益」と「現金収支」をもとに算出します（**3・1〜2**参照）。開業にかかった費用は、「減価償却費」として開業後に経費として計上したり、借入れの「返済金」として月々返済していきます。

そのため、開業費用が高ければ高いほど、経費や返済額は高くなります。経費が高いと美容室の利益は減り、返済額が高くなれば美容室に残る現金は減っていきます。

適正な（儲けが出る）開業費用を算出するために、まず収支シミュレーションを作成します。計画している美容室の規模の場合、減価償却費をいくらに抑えれば目指す利益が出るのか、返済額がいくらまでなら目標額を残せるのか、この2つを計算して開業費用の予算を算出していきます。

開業費用は「設備資金」と「運転資金」に分けられる

まずは開業資金の内訳を整理しながら全体像を把握しましょう（次ページ図参照）。開業資金は大きく「設備資金」と「運転資金」に分けられます。最初に設備資金について見ていきましょう。

お金の流れ＝資金繰りを考えて、美容室経営をする

美容室は基本的に現金商売なので、通常、売上不振にならなければ資金繰りに困ることはありません。

しかし買掛けで購入した材料費、人件費や家賃、借入金や税金など支出も様々です。

目の前の現金すべてが自由に使えるお金ではないと肝に銘じ、お金の流れ（資金繰り）を考えた経営を行ないましょう。

DOWNLOAD

初期投資費用・資金調達計画（記入例）

1.初期投資費用計画

費用項目	金額	備考
店舗保証金（敷金）	1,400,000	
店舗礼金	280,000	
店舗仲介手数料	280,000	
前払い家賃	280,000	
火災保険料	20,000	
保証会社	240,000	
内外装工事費	6,500,000	店舗デザイン・工事費用
美容器具	1,500,000	セット椅子・シャンプー台等
設備	600,000	パソコン・洗濯機・乾燥器等
開業材料費	500,000	シャンプー剤・カラー剤等
広告宣伝費	700,000	ホームページ・チラシ等
人材採用費	500,000	
その他諸経費	200,000	雑誌・観葉植物等
運転準備金	2,000,000	開業後当面の美容室運営のために残しておく現金
合計	15,000,000	

物件取得費

内訳

	費用項目	金額		費用項目	金額
設備資金	店舗保証金（敷金）	1,400,000	運転資金	店舗礼金	280,000
	内外装工事費	6,500,000		店舗仲介手数料	280,000
	美容器具	1,500,000		前払い家賃	280,000
	設備	600,000		火災保険料	20,000
				保証会社	240,000
				開業材料費	500,000
				広告宣伝費	700,000
				人材採用費	500,000
				その他諸経費	200,000
				運転準備金	2,000,000
	合計	10,000,000		合計	5,000,000
				総合計	15,000,000

開業資金は、①設備資金と②運転資金に分けられる

2.資金調達計画

調達先	金額	金利	備考
自己資金	5,000,000		
親族	1,000,000	0.0%	3年返済
日本政策金融公庫	9,000,000	2.0%	元利均等返済、返済期間：7年
その他（　　　　　　）			
合計	15,000,000		

美容室開業における設備資金には、
・物件の賃貸借契約における店舗保証金（敷金）
・内外装工事費
・美容器具（セット椅子やシャンプー台等）
・設備（パソコン、洗濯機、冷蔵庫等）
が含まれます。

設備資金については、各業者より見積もりを取り、正確な金額を把握しておきましょう。融資の申請をする際には、見積もりの提出が必要です。

物件の賃貸借契約における店舗保証金（敷金）

店舗保証金（敷金）とは、左記の目的で借主（開業者）が貸主（物件オーナー）に預けるお金で、退去後は返還されるべきものです。
・借主が家賃を滞納した場合の担保金
・借主が通常の使用を超えるような使用をしたことによる部屋の損傷（故意過失により）等を復旧する場合に使われる

店舗保証金は、エリアの特性（商業エリアや住宅エリア等）や貸主（物件オーナー）の意向によって、その額が大きく変動します。開業資金の中でも大きな割合を占める可能性があるので、物件選定をする際には、必ずその金額が予算内であるか確認しましょう。

内外装工事費

内外装工事費は、①店舗設計デザイン費と、②施工費に大きく分けられます。

美容室の場合、内外装工事費用は物件の状態によって大きく変わります。美容室では、給排水・電気・ガス等で通常より大きな容量を必要としますので、どの程度の設備を設置するかによって費用も大きく変わります。選んだ物件の状態がよくて、もともとの設備をそのまま利用できれば、費用を抑えることができます。しかし、スケルトン状態の物件（**5・2**参照）や、設備の大幅改修が必要な物件の場合は、工事金額が増えます。

美容室の内外装工事費の相場は、クオリティの高さにもよりますが、それ以前に設備のグレード等で大きく変動します。費用（坪単価）を抑えて工事をしたいという場合は、前提条件として、美容室に必要な設備が整っている物件を探すほうが得策です（設備については**5・6**参照）。

美容器具

美容器具には、セット椅子、シャンプー台、加温器、スチーマーなど、美容室を営業するうえで

美容器具選びのポイント

新品を買う

近年、美容室で使用する器具を取り扱うメーカーが増え、以前に比べると価格が非常に下がってきている。商品によっては中古品と変わらない価格で同様な商品を購入することができるようになった。

新品商品は、中古品等に比べると保証期間も長く設定されているものも多いので、条件面も確認し検討するとよい。

中古品を買う

中古品と言っても、使用年数等によっては状態がよくクオリティが維持できているものも多数ある。

新品商品に比べるとかなりの格安で購入できるので、まずは目当ての商品が出ていないかインターネット等で調べてみるとよい。

中古品をリメイクして買う

状態の良くないと思う中古品でも、ベース等基礎の状態が保たれていれば、レザーの張り替えをしたりリメイクをすることで十分使用可能な商品にすることができる。

目当ての商品があった場合は、状態が悪くてもすぐに諦めず中古品を扱っている業者に確認するとよい。

必要な器具が含まれます。

美容器具費用は、美容室の規模や器具のグレードによって大きく変動します。美容室の規模が決まったら、商品を具体的に選んだうえで、美容器具の取扱い業者に見積もりを依頼して金額を確定しましょう。

設備費

ここでいう設備費とは、美容室で施術を行なうときに必要な器具以外の設備を指します。たとえば、パソコン、冷蔵庫、洗濯機、待合の椅子などが含まれます。設備費についても、商品を選択したうえで業者に見積もりを依頼し、正確な金額を算出しておきましょう。

運転資金は形のないものが多い

開業資金における運転資金は、次のようなものに分けられます。

- 物件の賃貸借契約における費用（保証金以外の礼金・仲介手数料等）
- 広告宣伝費
- 人材採用費

・開業材料費
・運転準備金

設備資金は形のあるものが多いですが、運転資金に分類されるものは形のないものがほとんどです。

▶物件の賃貸借契約における費用（保証金以外）

物件の賃貸借契約における費用（保証金以外）には、左記の項目が含まれます。

・礼金
・仲介手数料
・前払い家賃
・保証料

これらの費用は、融資を受ける際は運転資金の項目とされます（各費用については**5・1**参照）。

▶広告宣伝費

広告宣伝費には、ホームページ、チラシ、メンバーズカード等の制作費や、配布費用などが含まれます。開業時に準備すべき広告宣伝は、収支シミュレーションで設定した目標売上を達成するために、どれだけの施策を打てばよいのかを検討しながら設定していきます。

その際、初期投資予算内に収めるように注意します（集客については**3・4**～**6**参照）。

▶人材採用費

美容室開業にあたり、新たにスタッフ募集を行なう際に発生する費用が人材採用費です。求人誌掲載のための費用や、人材紹介業者へ支払う費用が含まれます（採用については**第6章**参照）。

▶開業材料費

開業材料費は、美容室の施術で使用するカラー剤、パーマ剤、シャンプー剤等の「水物」といわれるものと、パーマロッドやカラー用の刷毛、カップ、クロス類など「消耗品等」に分類することができます。

開業材料費も美容器具や設備費と同様に、メーカーやディーラーにより金額も様々です。また、各業者によって、商品注文から納品されるまでの期間も様々です。ネットショッピングの業者であれば、翌日配送が可能な業者もあります。

ディーラーが直接美容室に納品する場合は、通常、週に1回等の定期納品となります。その際には、過剰在庫とならないよう、各業者の取引条件を加味し、在庫管理や発注体制を整えておく必要があります。

4×2

どこで借りる？　金融機関選びとアプローチ法

開業の際、自己資金で足りない分は融資を受ける必要があります。融資を受けるとき、どの金融機関からどのように借りればよいのかポイントを解説します。

美容室開業で使用される資金調達先は、①日本政策金融公庫、②制度融資（信用保証付き）、③リース・割賦（かっぷ）・レンタルの3つに大きく分けられます。以下、それぞれの特徴を見てみましょう。

日本政策金融公庫は最もポピュラーな国の融資

日本政策金融公庫は、国の政策等に基づいた金融機能を担う機関です。美容室開業における資金調達では、最もポピュラーな資金調達先が日本政策金融公庫です。融資に際しての保証人、担保についても相談可能で、長期返済でも利息が固定金利であったり、営業許可を取る前に融資を受けられたりと、美容室開業者にとっては、利用しやすい金融機関です。

日本政策金融公庫の特徴

2020年1月現在

1	政府系金融機関だから安心感がある
2	固定金利の融資 ➡金利上昇局面では、変動金利に比べてコスト的にお得
3	無担保・保証人不要の融資制度がある ➡開業者向けの「新創業融資制度」では担保提供および連帯保証人が不要
4	信用保証協会の保証は不要なので、信用保証料の費用負担は発生しない
5	美容室の営業許可証の取得や内装工事・設備導入等を行なう前に融資が実行される ➡営業許可証の確認（提出）は融資後でも可能なため、融資前に工事費用や設備購入資金を立て替える必要がない

☆　この書類は、ご面談にかかる時間を短縮するために利用させていただきます。
　　なお、本書類はお返しできませんので、あらかじめご了承ください。
☆　お手数ですが、可能な範囲でご記入いただき、借入申込書に添えてご提出ください。
☆　**この書類に代えて、お客さまご自身が作成された計画書をご提出いただいても結構です。**

5　従業員

常勤役員の人数（法人の方のみ）	人	従業員数（3ヵ月以上継続雇用者※）	**1** 人	（うち家族従業員） **1** 人 （うちパート従業員） **0** 人	

※ 創業に際して、3ヵ月以上継続雇用を予定している従業員数を記入してください。

6　お借入の状況（法人の場合、代表者の方のお借入）

お借入先名	お使いみち	お借入残高	年間返済額
○○銀行△△支店	□事業 □住宅 ☑車 □教育 □カード □その他	**76** 万円	**24** 万円
	□事業 □住宅 □車 □教育 □カード □その他	万円	万円
	□事業 □住宅 □車 □教育 □カード □その他	万円	万円

7　必要な資金と調達方法

	必要な資金	見積先	金額
設備資金	店舗、工場、機械、車両など （内訳）		**870** 万円
	・店舗内外装工事（設備工事含む）	**○○社**	**600**
	・セット椅子　3台	**××社**	**30**
	・シャンプー台　2台	**××社**	**40**
	・什器・備品類	**××社**	**100**
	・保証金		**100**
運転資金	商品仕入、経費支払資金など （内訳）		**130** 万円
	・消耗品等仕入		**30**
	・広告費等諸経費支払		**100**
	合計		**1,000** 万円

見積書などを添付してください。

調達の方法	金額
自己資金	**300** 万円
親、兄弟、知人、友人等からの借入 （内訳・返済方法）	万円
日本政策金融公庫　国民生活事業 からの借入　**元金7万円×72回（年○.○%）**	**500** 万円
他の金融機関等からの借入 （内訳・返済方法） **○○信用金庫** **元金3万円×67回（年○.○%）**	**200** 万円 **200**
合計	**1,000** 万円

金額は一致します。

8　事業の見通し（月平均）

		創業当初	1年後又は軌道に乗った後（○年○月頃）	売上高、売上原価（仕入高）、経費を計算された根拠をご記入ください。
売上高①		**95** 万円	**142** 万円	**<創業当初>** **①売上高　6,000円（平均単価）×3台×2回転×26日＝93万円** **ヘアケア商品販売　月2万円** **②原価率　15%** **③人件費　専従者1人(妻)10万円** **家賃　10万円** **支払利息（内訳）500万円×年○.○%÷12ヵ月＝○万円** **200万円×年○.○%÷12ヵ月＝○万円** **計2万円** **その他光熱費、消耗品費等　20万円** **<創業1年後（軌道に乗った後）>** **①2回転⇒3回転（勤務時の経験から）** **②当初の原価率を採用** **③人件費　アシスタント1人増　15万円増** **その他諸経費　10万円増**
売上原価②（仕入高）		**15** 万円	**22** 万円	
経費	人件費（注）	**10** 万円	**25** 万円	
	家賃	**10** 万円	**10** 万円	
	支払利息	**2** 万円	**2** 万円	
	その他	**20** 万円	**30** 万円	
	合計③	**42** 万円	**67** 万円	
利益 ①－②－③		**38** 万円	**53** 万円	（注）個人営業の場合、事業主分は含めません。

人件費は、従業員数もわかるようにしてください。

支払利息（月間）は、「借入金×年利率÷12ヵ月」で算出します。

9　自由記述欄（追加でアピールしたいこと、事業を行ううえでの悩み、欲しいアドバイス等）

・借入金の返済元金はここから支払われることになります。
・個人営業の場合、事業主分の人件費はここに含まれます。

ほかに参考となる資料がございましたら、併せてご提出ください。

（日本政策金融公庫　国民生活事業）

創業計画書（日本政策金融公庫）の記入例

創　業　計　画　書　　【記入例】

〔令和　○　年　○　月　○　日作成〕

お名前　○○○○

> 創業のきっかけ、経歴、技術、事業の特徴などのポイントを記入してください。

1　創業の動機（創業されるのは、どのような目的、動機からですか。）

	公庫処理欄
・美容業に従事して12年、現勤務先での固定客もついてきたため、同じ美容師の妻とともに、店を持つことにした。 ・○○駅の近くの住宅地に良い物件を見つけたため。	

2　経営者の略歴等（略歴については、勤務先名だけではなく、担当業務や役職、身につけた技能等についても記載してください。）

年　月	内　容	公庫処理欄
H○年○月	○△美容専門学校卒業	
H○年○月～	美容室△△　4年勤務	
H○年○月～	ヘアサロン○○　8年勤務（現在の月給25万円）	
R○年○月	退職予定（退職金80万円）	
過去の事業経験	☑事業を経営していたことはない。 □事業を経営していたことがあり、現在もその事業を続けている。（⇒事業内容：　） □事業を経営していたことがあるが、既にその事業をやめている。（⇒やめた時期：　年　月）	
取得資格	□特になし　☑有（美容師免許(H○/○)・管理美容師(H○/○)　番号等　123456号・7890号）	
知的財産権等	☑特になし　□有（　□申請中　□登録済　）	

3　取扱商品・サービス

		公庫処理欄
取扱商品・サービスの内容	①カット（シャンプー、ブロー込み）3,500円　（売上シェア　98　%） ②カラー（カット込み）8,000円～　パーマ（同左）10,000円～　（売上シェア　%） ③ヘアケア商品販売（シャンプー等）1,500円～　（売上シェア　2　%）	
セールスポイント	・髪にやさしい天然ハーブを主原料としたヘアケア剤（シャンプー等）を使用する。 ・ハーブティのサービスと10分間のヘッドマッサージのサービスで、顧客に「癒し」を提供する。	
販売ターゲット・販売戦略	・現勤務先での固定客約200人を中心に、口コミなどで顧客層を広げる。	
競合・市場など企業を取り巻く状況	・店舗予定地は、ショッピングセンターへの通り道に面したビルの1階人通りの多い立地のため、新規客を獲得しやすい。	

4　取引先・取引関係等

	フリガナ 取引先名 （所在地等（市区町村））	シェア	掛取引の割合	回収・支払の条件	公庫処理欄
販売先	一般個人 （　）	100 %	%	即金 日〆　日回収	
販売先	（　）	%	%		
販売先	ほか　社	%	%		
仕入先	カ）○○ショウジ （株）○○商事　（現勤務先の仕入先） （○○区○○）	50 %	100 %	末 日〆　翌月末 日支払	
仕入先	カ）××カイシャ （株）××会社　（現勤務先の仕入先） （○○区○○）	50 %	100 %	末 日〆　翌月末 日支払	
仕入先	ほか　社	%	%	日〆　日支払	
外注先	（　）	%	%	日〆　日支払	
外注先	ほか　社	%	%	日〆　日支払	
人件費の支払	末 日〆　翌月15 日支払（ボーナスの支給月　月、　月）				

> ・販売先・仕入先との結びつきがあれば記入してください。契約書・注文書などがあれば添付してください。
> ・販売・仕入条件について確認しておく必要があります。立地選定理由についても触れてください。

借入申込書（日本政策金融公庫）の記入例

受付月日
受付番号

借入申込書
（一般貸付・特別貸付／生活衛生貸付用）
株式会社日本政策金融公庫
（国民生活事業）

借入申込書は、裏面の「公庫におけるお客さまの情報の取扱に関する同意事項」にご同意のうえ、ご記入ください。

お申込人名
フリガナ カ）コウガワ ショウテン
法人名・商号（屋号）（ゴム印でもかまいません。）
株式会社　甲川商店
フリガナ コウガワ タロウ
個人事業主の方・法人代表者の方のお名前
（自署でお願いします（ゴム印は使用しないでください。）。）
甲川太郎
個人事業主の方・法人代表者の方の　性別 男・女　生年月日 大・昭・平・令 46年 11月 ×日

〒100-0004 ☎（03）-（3270）-（XXXX）
フリガナ チヨダク オオテマチ
本店所在地 千代田区大手町1-9-4　本店所在地の不動産 所有・借用
ビル・マンション名（　　　号室）

〒　☎（　）-（　）-（　）
フリガナ
営業所所在地 同上　営業所所在地の不動産 所有・借用
ビル・マンション名（　　　号室）

〒160-0023 ☎（03）-（3342）-（XXXX）
フリガナ シンジュクク ニシシンジュク
お申込人または法人代表者の方のご住所 新宿区西新宿1-14-9　ご住所の不動産 所有・借用
ビル・マンション名（西新宿ハイツ301 号室）

主な ご郵送先

お申込金額	500 万円
お借入希望日	4 月 7 日

携帯電話　お申込人・代表者（090）-（1234）-（XXXX）
上記以外の方［　］（　）-（　）-（　）
メールアドレス kougawa @ xxx.xx.xx
☑ 上記メールアドレスに「事業者サポートマガジン」のメール配信を希望します。
「事業者サポートマガジン」に同意したうえで、□に✓印

ご希望の返済期間（元金据置期間を含みます。） 5 年　元金据置 ① 希望なし　2 令和　年　月まで希望
毎月のご返済希望日　ご希望の返済日に○を付けてください。 5日・10日・15日・20日・25日・末日（金融機関によっては、ご利用いただけない日があります。）
ご返済金のお支払方法　口座振替（OOOO　銀行・信用金庫・信用組合・労働金庫）

創業年月　明・大・昭・平・令 10 年 4 月　創業・創業予定（個人で創業された後、法人を設立された方は、個人で創業された年月）
業種 菓子製造業（卸）　従業員数〔家族従業員を含みます〕 4 人

資金のお使いみち　運転資金 200 万円　設備資金 300 万円
（該当する項目に○を付けてください。）
① 商品、材料仕入　(2) 買掛、手形決済
① 店舗・工場　(2) 土地　③ 機械設備　(4) 車両

続柄	お名前	年齢	ご職業・学年
妻	フリガナ コウガワ カズコ 甲川 和子	38	家業
長男	フリガナ 〃 カズオ 〃 一夫	13	中学1年

制度融資（信用保証付き）は各地方自治体がサポート

制度融資とは、各地方自治体が行なっている融資あっせんで、中小企業や会社創設を目指す人へのサポートを目的とした制度です。

各地方自治体の制度融資は、各地方自治体と各都道府県の信用保証協会、指定金融機関の三者協

日本政策金融公庫の手続きの流れ

1. 窓口相談・申込用紙等の入手　※インターネットからも入手可能
2. 必要書類の準備　※申込用紙・創業計画書等
3. 物件の申込み（仮契約）
4. 融資申込み　※必要書類の提出
5. 面談（融資申込みから約1週間後）
6. 結果通知（面談より2週間前後）
7. 契約・融資実行　※融資実行には、物件賃貸借契約等の確認が必要

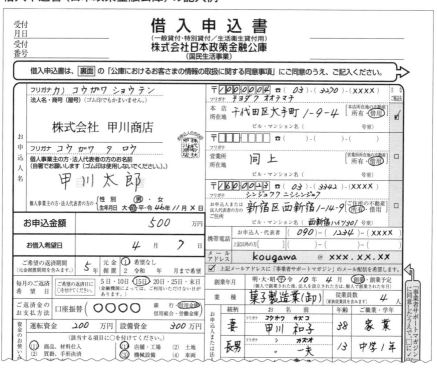

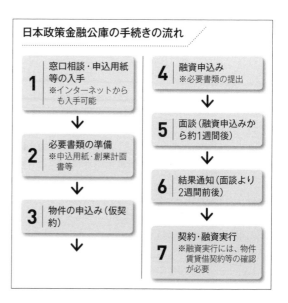

制度融資（信用保証付き）の特徴

1	制度融資を利用するためには、各地方自治体が定めている一定の要件を満たす必要がある。 例）・中小企業者であること ・融資を受ける地方自治体の地域内で一定期間事業を営んでいること ・税金を納付していること ・過去に融資を受けたり、保証人になったりしている場合には、その返済に延滞等の事故がないこと ・許認可が必要な業種の場合には、その許認可を受けていること
2	中小企業者が融資を受けやすくするために、各地方自治体が融資希望者をサポートする制度のため、プロパー融資等に比べると審査も緩やかで積極的に融資を行なっている。
3	地方自治体によっては、利子補給や保証料の一部補助などの特典があり、低金利や負担軽減で融資を受けることができる。
4	金融機関と信用保証協会それぞれの審査を受けるため、融資を受けるまでに時間がかかる。
5	営業許可が出てからの融資実行となるため、物件賃貸借契約における費用や内装工事費用などは、立て替えをしなければならない。 ※地方自治体により内容が異なるため、詳細については確認の必要がある

調のうえに成り立っています。

各地方自治体の制度融資を受けるには、各都道府県の信用保証協会の保証が必要です。各都道府県の信用保証協会は、経営者の人物、資金使途、返済能力等を総合的に判断して保証の諾否や保証金額を決定します。

制度融資は各地方自治体が行なっており、その内容や審査基準は各自治体によって異なります。利用を検討する場合は、事前に商工会議所や取扱い金融機関にその内容を確認しましょう。

制度融資（信用保証付き）の手続きの流れ

1　中小企業者などが商工会議所（商工会を含む）経由、または直接取扱い金融機関の窓口で申込み

↓

2　金融機関の審査後、信用保証協会へ保証依頼

↓

3　信用保証協会が審査後、保証書を発行し承諾

↓

4　金融機関が地方自治体の定めた条件（利率など）で融資を実行

※制度融資は各地方自治体により内容が異なるので、利用の際には最寄りの商工会や取り扱いのある金融機関、ホームページなどで制度内容や手続きの流れを確認のこと。

リース、割賦、レンタルの特徴

2020年1月現在

	リース	割賦	レンタル
契約形態	賃貸借処理も可（中小企業の場合）	売買	賃貸借
契約期間	3〜7年（対象物件により異なる）	一定回数 （12回・36回・48回…）	日数・週数・月数・年数単位
物件の所有権	リース会社	購入者（美容室開業者）	レンタル会社
固定資産税の負担	リース会社	購入者（美容室開業者）	レンタル会社
損金算入	賃借料として損金算入が可能 （中小企業の場合）	減価償却費、固定資産税、借入金利息は可能	賃借料として 全額計上が可能
期間中の解約	原則不可 ※規定の解約料、リース残額の支払いで可	原則不可 ※残金一括支払いで可	可能

※修理・メンテナンスなどは、メンテナンスリース契約を除き美容室側が負担

リース・割賦（かっぷ）・レンタルは各民間会社によって条件もそれぞれ

日本政策金融公庫と制度融資に加え、美容室の開業資金調達でよく使用されるのが、「リース・割賦（かっぷ）・レンタル」です。公庫や制度融資に比べ、審査基準や手続きは緩やかですが金利は高めです。リースは会社規模や業容により処理が異なりますが、ここでは「中小企業の会計に関する指針」に基づいて説明します。

所有権が開業者にあるのは割賦、固定資産税がかからないのはリースとレンタルです。賃借料が損金になるのはリースとレンタル、割賦の場合は購入になるので購入した資産の金額を減価償却費として損金算入し、その資産にかかる固定資産税も損金算入できます。また、割賦購入にあたり借入れをした場合には、利息も損金になります。

中途解約できるのはレンタルなど、それぞれにメリット・デメリットがあり、それに応じて金利の違いがあります。どれを選ぶのかは、それぞれの特徴を把握したうえで、金利や総支払額等を調べて判断しましょう。

Hair Salon
chapter 5

第5章
美容室のイメージを決める 物件選定と店舗設計デザイン

美容室のイメージをはじめに決めるのは出店エリアの街並みや店舗デザイン。
サロンコンセプトに合った物件選びと店舗デザインを実現しましょう。

5×1

トラブル注意！ 物件契約の流れとポイント

物件を選ぶ基準は何でしょう？ 契約書にサインをするタイミングは？ いざという時に慌てないように、ここでは契約までの流れと、トラブルを未然に防ぐためのポイントを解説します。

まずは物件契約までの流れを見てポイントを押さえよう

物件選びの際には、いくつかの段取りがあり、トラブルを防ぐために知っておきたいことがあります。物件選びをはじめる前に流れを知り、計画的に行動しましょう。実は、開業準備の際に、最も「時間、お金、労力」をロスする可能性が高いのが物件契約までのステップです。次ページ上図のポイントを見て効率よく動きましょう。

物件契約における基本を知っておこう

賃貸借契約書には、専門知識がないとわからないことがたくさんあります。条件に合った契約になっているか自分で判断できるレベルの知識を持って契約に臨みましょう。

まず、物件契約の種類には、「普通借家」と「定期借家」の2タイプがあることを知っておいてください。定期借家とは、基本的に更新できないことを前提にした契約で、契約期間満了で賃貸借が終了するものです。もう一方の普通借家は、正当な事由のない限り契約を更新できるものです（次ページ下図参照）。

次に、不動産業者には「客付け」と「元付け」の2種類があることを知っておきましょう。

物件を探している開業者（借主）から依頼され、条件に合う物件を探して紹介するのが「客付け」の不動産業者です。

一方、物件オーナー（貸主）から物件の管理や入居者募集を委託されて、物件の管理・募集の窓口となっているのが「元付け」の不動産業者です

物件契約までの流れ

1 現地調査・概算見積もり・平面図作成

希望の物件が見つかったら、契約をする前にデザイン・施工業者へ依頼をし現地調査をしてもらいます。専門業者でないと正確な物件の状況を調べることはできません。素人判断で決めてしまうと後々のトラブルとなります。

↓

2 物件決定・申込み

見積もりと平面図を確認して希望通りの美容室ができると判断できたら、物件の申込みをします。申込みのタイミングは非常に難しく、間違えると物件が流れてしまうこともあります。

↓

3 融資申請

融資を受ける場合は、物件を仮押さえしたタイミングで申請します。通常、融資が決定するまでは、リスクを考えて物件契約はできません。物件の仮押さえ期間が長くなって流れてしまわないよう、融資手続きは効率的に行ないましょう。

↓

4 融資決定

↓

5 物件契約・内装工事・各種契約締結

融資が決定したら、各種の契約を進めて実際の美容室づくりに取りかかっていきます。契約内容をしっかり把握したうえで契約書にサインしましょう。

「定期借家契約」と「普通借家契約」

項目	定期借家契約	普通借家契約
契約	①公正証書等の書面による契約に限る ②「更新がなしで期間の満了により終了する」場合は、契約書とは別にあらかじめ書面を交付して説明しなければならない	書面でも口頭でもよい
更新	期間満了により終了。更新されない	正当事由がない限り更新できる
賃貸借期間の上限	制限はない	①2000年3月1日より前の契約⇒20年まで ②2000年3月1日以降の契約⇒制限なし
期間を1年未満とする建物賃貸借契約の効力	1年未満の契約も可能	期間の定めのない賃貸借契約とみなされる
建物賃借料の増減に関する特約の効力	賃借料の増減は特約の定めに従う	特約にかかわらず、当事者は、賃借料の増減を請求できる
借主からの中途解約の可否	①（床面積200平方メートル以下に限る）転勤・療養・親族の介護その他のやむを得ない事情により、建物の賃借人が建物を自己の生活の本拠として使用することが困難となった時は、建物の賃借人は、建物の賃貸借の解約の申入れをすることができる（1か月前の解約通知は必要） ②居住用以外の定期借家契約に関しても、特約として双方の合意のもと中途解約規定を設けることは有効	中途解約に関する特約があれば、その定めに従う

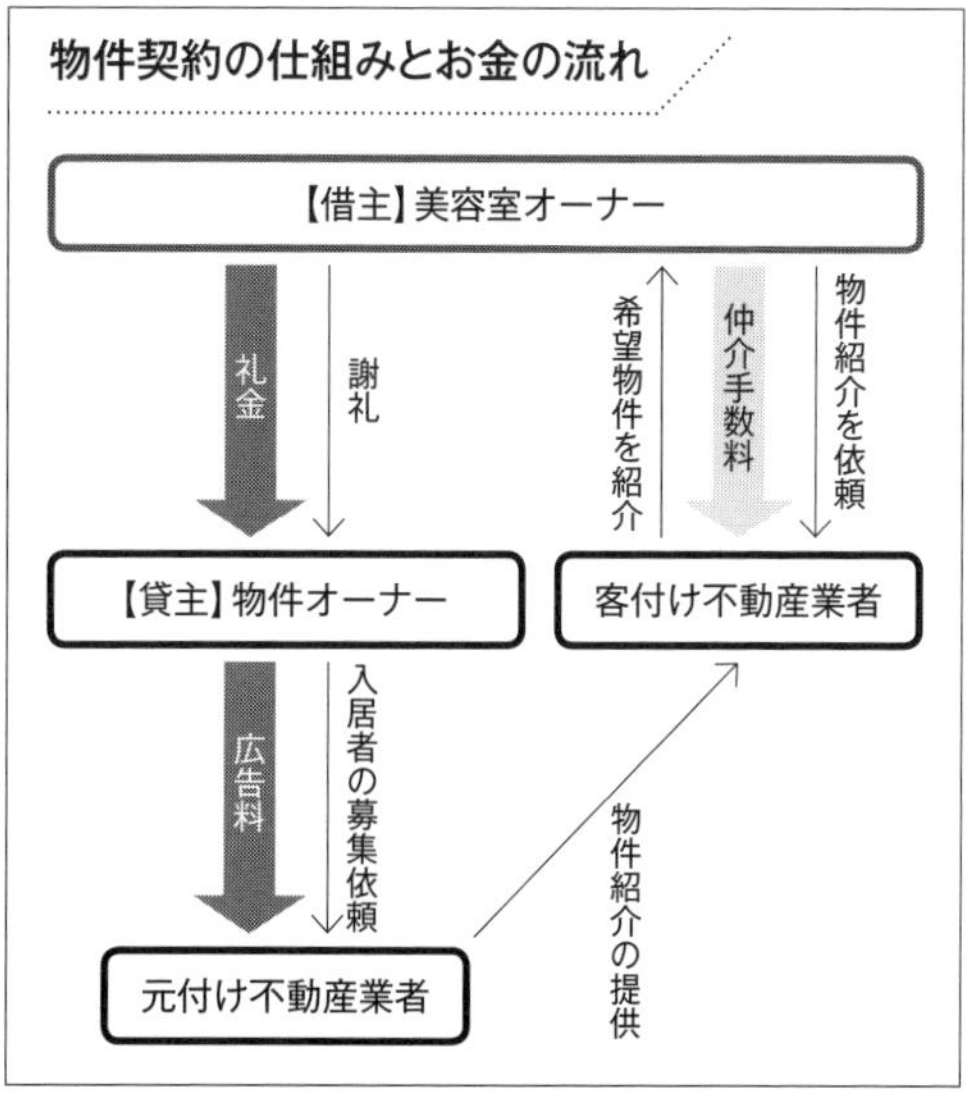

(右図参照)。

以上の基礎知識を押さえたら、次に契約書のチェックポイントを見ていきましょう。

契約書には専門知識がいっぱい 最低限このポイントは押さえておこう

契約書の用語を見るときに、誰に支払うお金なのかという視点で確認してみてください。これを知ることで業者の仕組みもわかってきます。

Point1 保証金（敷金）

保証金（敷金）とは、次の目的で物件オーナー（家主）に預けるお金で、基本的には退去後に返金されます。

・借主が家賃を滞納した場合の担保金となる
・借主が通常の使用を超えるような使用をしたことによる部屋の損傷（故意過失により）等を復旧する場合に使われる

Point2 仲介手数料

仲介手数料とは、物件を紹介してくれた不動産業者に仲介料として支払う費用で、退去時にも返金されません。仲介手数料の額は法律で上限が決められています。

貸主との契約時に月額賃料の0・5か月分（別途消費税）の範囲内の仲介手数料が必要となります。なお、物件によっては、最大で月額賃料の1か月分（別途消費税）の範囲内で必要となる場合もあります。

Point3 礼金

礼金は、もともと物件を貸してもらう謝礼として支払われていました。しかし、現在では「礼金」という名は残っていますが、実体は謝礼の意味ではなくなってきています。

貸主が礼金を受け取る場合は、賃料の前払い、退去後の空室期間に賃料が得られないことへの補償、自然損耗に関する原状回復費用等にあてられています。

また、貸主が礼金を元付け不動産業者へ広告料として支払う場合もあります。広告料とは、入居者募集のためにかかった費用のことです。

ここまで知ると、そもそも礼金は借主（美容室オーナー）が支払う必要があるものなのかという疑問が出てくるかと思います。礼金についての捉え方は難しく、場合によっては裁判で争われるケースもあります。

Point 4 保証料

保証料は、借主に連帯保証人がいない場合などに家賃保証会社へ支払います。家賃保証会社とは、連帯保証の代行を行なっている会社で、万一、家賃滞納があった場合は、家賃保証会社が一定の範囲で家賃を立て替えます。

Point 5 償却金（敷引き）

償却金とは物件から退去する際に、入居時に支払った保証金（敷金）のうち返還されないお金のことを指します。

大きく分けて「解約時償却○か月分」「解約時償却保証金の○%」「実費償却」など、3つのパターンが代表的です。

また「年○%償却」といったように毎年償却金がかかるものや、「更新時○%償却」のように更新ごとに償却金がかかってくる場合もあります。この場合、償却により減った保証金（敷金）を充当しなければならないので注意が必要です。

退去時に多いトラブルは「原状回復」契約時には条件を必ずチェック

原状回復とは、退去時に店舗を契約前の状態に戻すことをいいます。原状回復については、退去時にとくにトラブルになりやすいので、必ず条件を確認したうえで契約をしましょう。

本来は貸主負担とするべきものを、借主負担としている「特約」が契約書に書かれている場合もありますので、契約書の内容については細かい文字も確認しておく必要があります。

5×2

スケルトン物件と居抜き物件

美容室開業における初期費用の大半は「物件取得費用」と「内装工事費用」です。スケルトン物件と居抜き物件の特徴を理解すれば、初期費用の大幅な圧縮も可能になります。

スケルトン物件と居抜き物件とは？

契約する物件の状態によって工事費用は大きく変わり、初期費用に占める割合にも影響します。

そこで、まず物件にはどんなタイプがあるのか把握し、それぞれどのような工事費用がかかるのか見ていきましょう。物件には、①スケルトン物件、②事務所仕様物件、③居抜き物件の３タイプがあります。

スケルトン物件

一般的に、室内が建物躯体のみとなっていて、内装設備等がない状態の物件のことをいいます。スケルトン物件の場合は、室内の内装、設備といった工事は開業者が行ないます。自分の思い通りにプランニングできる自由度はありますが、その分、工事費もかさみます。

事務所仕様物件

事務所としてすぐ開業できるよう、エアコンや換気扇、給湯器、キッチン、トイレ、照明（蛍光灯・コンセント）など、最低限必要な設備がすでに付帯されているので、ある程度内装工事の初期費用は抑えられます。

しかし、物件によってはエアコン、給湯器が容量不足だったり、設備のレイアウトが固定されているため、平面プランの制約を受けます。また、そもそも店舗として貸出しできないケースもあるので確認が必要です。

居抜き物件

物件の前テナントが使用していた内装の造作や什器備品等が残っていて、そのまま引き継げる物件のことをいいます。

物件の状態によるメリット・デメリット

物件の状態	メリット	デメリット
スケルトン物件	・自由に設計デザインすることができる ・前テナントのイメージに縛られない	・ゼロから内装工事をするので、コストが高くなる ・工事期間がある分、オープン準備に時間がかかる
事務所仕様物件	・付帯された設備などをそのまま活用できれば、その分の費用を削減できる ・大掛かりな設備工事が発生しないので、工期を短縮できる	・付帯設備の設置場所が決まっているので平面プランの制約を受けやすい ・付帯設備を入れ替えると、退去時に原状回復のためのコストがかかる
居抜き物件	・内装や器具が活用できれば、内装・器具費用を大幅に削減することができる ・オープンまでの準備期間が短く済む ・スタッフを引き継ぐことができれば、採用コストを圧縮することができる ・お客様を引き継ぐことができれば、オープン当初から安定的な売上を上げることができる	・エアコンやボイラー等の使用年数が長いものだと入居早々に故障し、余計に費用がかかる場合がある ・前テナントのイメージに影響を受ける可能性がある ・設計デザインにおいて制約があり、思い通りのデザインにできない可能性がある

そのまま使えるので工事費がほぼ不要というメリットがある一方、理想の物件を探すのはなかなか難しいといえます。一部のみ改修する予定が、予想以上に工事費用がかかるケースもあります。

素人判断で決めてはいけない物件選びは慎重に！

居抜き物件は必ず費用が安くつき、スケルトン物件は必ず費用が高くつくというわけではありません。譲渡条件によっても費用は変わりますし、物件（内装や器具等）の状態によっては追加費用がかかるケースもあります。

物件を決める際は、現地調査を行ない、希望の内装や設備機器の導入、そしてレイアウトなどを業者に詳しく伝えて、見積もりや平面図を慎重に確認することが大切です。物件によっては、水道・ガスなど配管の位置が制約となり、希望のレイアウトができないケースなども考えられます。

また、初期費用の圧縮ばかりに気を取られ、ターゲット顧客を意識した物件選びがおろそかになっては本末転倒です。多くのお客様に来店してもらってはじめて美容室は成り立ちます。物件を選ぶ際には、最初に作った事業計画書の内容に立ち返って、設定した条件に見合う物件かどうかで判断するようにしましょう。

5×3

データから読み取る商圏分析

出店エリアの特徴を的確に把握するために商圏分析は必須です。事業計画書で設定した条件に見合う出店エリアかどうか正確に判断しましょう。

商圏分析とは、国勢調査等のデータをもとに出店エリアの特徴を読み取ることです。検討している物件エリアが、事業計画書で考えたお店の条件に見合うかどうかを客観的に判断するために使用します。

商圏分析は、おもに「面（商圏）」「線（導線）」「点（物件）」の3つの視点から物件エリアを診断していきます。

検討しているエリアの特徴は？ 「面（商圏）」で見る商圏分析

ターゲット顧客がいなかったり、集まってこないエリアで開業しても、美容室はなかなか成功しません。まずは、検討しているエリアにターゲット顧客がどの程度いるのか、そもそもエリアはターゲット顧客が好む街なのか判断していきます。

まず、商圏の範囲について考えてみましょう。お客様が来店可能な距離はどれくらいでしょうか？

一般に、お客様が来店可能な範囲は次の範囲といわれています。

- 徒歩圏内　５００m
- 自転車圏内　１０００m
- 自動車圏内　３０００m

ただし、都市部ではこの商圏があてはまりますが、郊外や地方都市では、その範囲が広がる場合もあります。

駅近は絶対条件ではない!? 「線（導線）」から見る商圏分析

導線は、物件がターゲット顧客にとって通いやすい場所かどうか判断するために調べます。

たとえば、駅近の物件であったとしても、周辺にターゲットが集まるような施設がなかったり、裏路地で人通りがなければ、その物件は好条件とはいえません。一方、駅から離れた物件でも、ターゲット顧客が多く住む住宅街の手前にある物件で、人通りも多ければ、その物件は集客が望める物件と考えられます。

導線分析は、地図情報から読み取ることもできますが、それは予測的数値になります。より正確な分析をするには、実地調査が必要です。

路面店は入りやすい？「点（物件）」から見る商圏分析

これまで説明したように、商圏と導線を調べたら、その次は点（物件）について見ていきます。点とは物件そのものを指します。検討物件の状態を詳細に調べていきます。

物件の築年数・階数等はもちろん、検討物件が商業ビル等であれば、他テナントも調べます。

面（商圏）を見るポイント

1 街の特徴
➡その街は、どんな街なのか。どんな顧客がいるのか。

2 需要について
➡その街に住み、働いている人は、どんな世帯・どんな職種なのか。

3 競合店について
➡そのエリアの競合状況（供給）。

【参考になるデータ】
人口総数、第2・3次産業従事者数、小売業年間販売数、競合店舗数

線（導線）を見るポイント

1 近くにターゲット顧客が集まる施設や住宅街はあるか。

2 店舗前をどれくらいのターゲット顧客が通るか。

3 店前の交通量はどれくらいか。

【参考になるデータ】
集客要因施設、店前交通量、近隣導線交通量

点（物件）を見るポイント

1 集客阻害要因がないか
➡同じ建物や敷地内にターゲット顧客が好まない施設はないか。

2 アクセスはしやすいか
➡路面店か、空中階か、地下階か。

3 間口のガラス張り比率
➡美容室内の様子が店外からどれくらい見えるか。

【参考になるデータ】
物件階数、装飾可能間口幅

5×4

店舗設計デザイン・工事業者の選び方

店舗デザインのクオリティは、業者を選んだ時点でほぼ決まるといっても過言ではありません。イメージを形にできる業者とそうでない業者の違いはどこで判断するか学びましょう。

イメージどおりのお店にするには業者選びは慎重に！

実際に店舗づくりを行なうのは、開業者ではなく、「店舗設計デザイン業者」や「工事業者」です。開業者が思い描いた店舗を実現させるためには、開業者のイメージをしっかり理解し、それをうまく形にすることができる店舗設計デザイナーや、工事業者を選ぶことが重要になります。

開業者がどんなに鮮明で具体的なイメージを持っていたとしても、業者側がそれを理解して表現できなければ、満足のいくお店は完成しません。ここで失敗すると、最初に立てた事業計画の達成も難しくなりますので、納得のいく業者選びをしましょう。

▶店舗設計デザイナーがイメージを形にする

「店舗設計デザイン」とは、美容室オーナーが考えたコンセプトをもとに、実際にどのような店舗にするのか、イメージを具体化する作業です。

また、店舗デザイナーは設計デザイン以外に、施工業者の選定から工事中の各業者への指示・監督も行なうことがあります。店舗設計デザイナーの選定が美容室の仕上がりを大きく左右します。

▶工事業者は設計図をもとに形にする

店舗設計デザイナーが作った設計図面等をもとに、施工を行なうのが工事業者の仕事です。

工事にも様々な工程があり、それぞれ大工工事、左官工事、電気工事など専門業者がいます。クロス張りひとつをとっても、職人の技が必要です。仕上がりのクオリティを上げるためには、工事業者の技術力も重要になりますし、工事全体を管理する現場監督の力量も仕上がりに反映します。

店舗設計デザイン業者の具体的な仕事

A) 現地調査

設計デザインに入る前に行なうのが現地調査です。現地調査では、

・気象（日照や湿度等）
・インフラ（電気・ガス・上下水道等）
・地盤・環境

等についての調査を行ないます。この現地調査で美容室を開業できないような問題が出れば、その物件は見送りを判断しなければなりません。

B) 設計図

現地調査の結果、条件を満たしたら、設計図作成に進みます。設計図には大きく以下の3種類に分けられます。

●一般図
・配置図
・平面図
・立面図
・断面図
・展開図
・パース
など

●構造図
・構造図
・構造詳細図
・部材断面図
など

●設備図
・電気配線図
・ガス配管図
・給水図
・排水図
・空調設備図
など

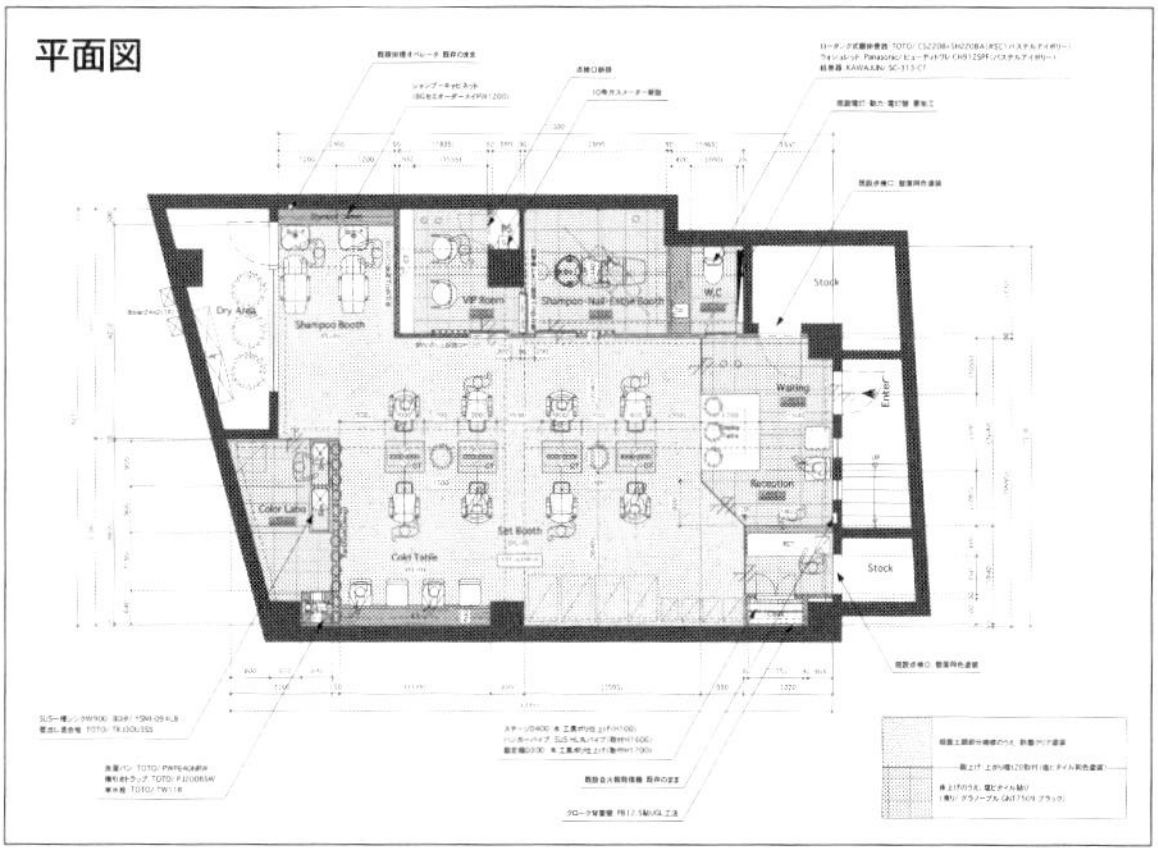

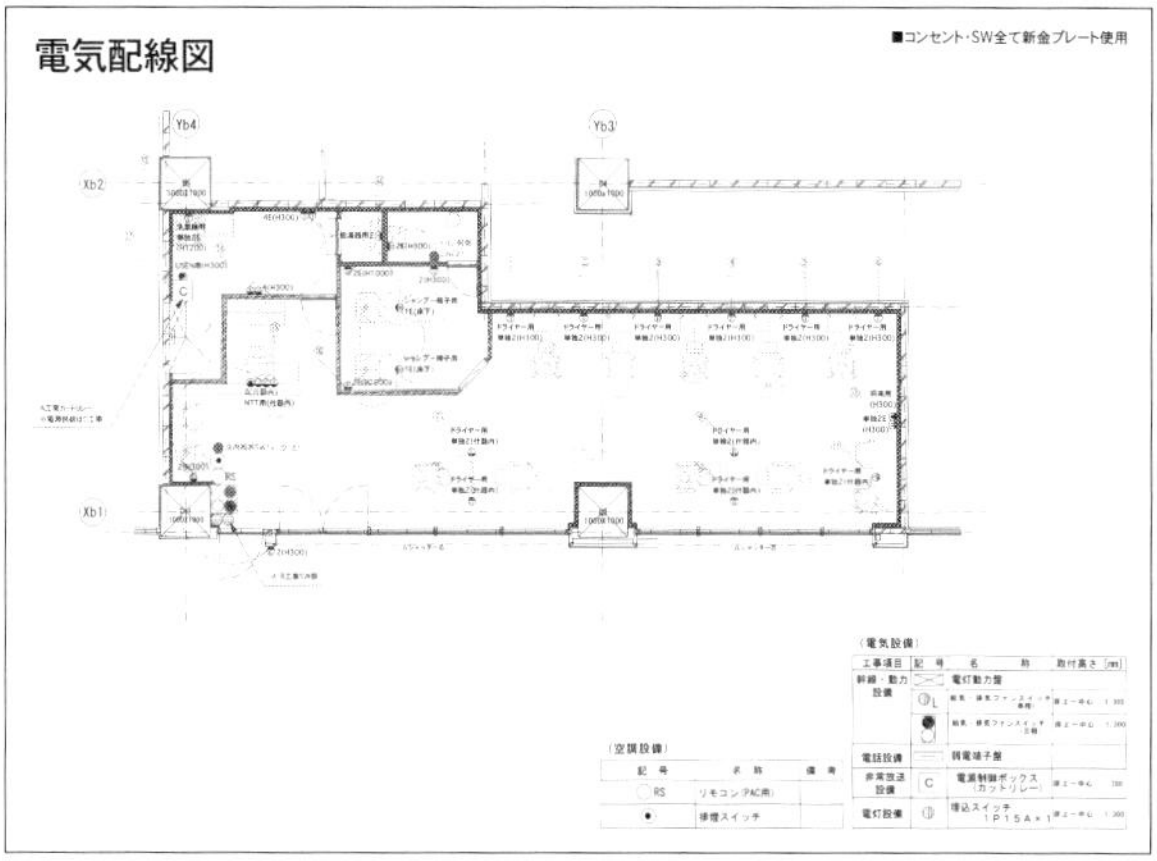

工事業者の具体的な仕事

大工工事

木材の加工または取付けにより工作物を築造し、または工作物に木製設備を取り付ける工事。

左官工事

工作物に壁土、モルタル、漆喰、プラスター、繊維等をコテで塗ったり、吹き付けたり、貼り付けたりする工事。

電気工事

発電設備、変電設備、送配電設備、構内電気設備等を設置する工事。

管工事

冷暖房、空気調和、給排水、衛生等のための設備を設置したり、金属製等の管を使用して水、ガス等を送配するための設備を設置する工事。

店舗設計デザイン業者と工事業者選びのポイント

それでは、具体的にどんな点に注意して業者を選べばよいのか、ポイントを見ていきましょう。

Point 1 美容室の店舗デザイン・施工実績が十分にある業者を選ぶ

美容室の場合、電気・ガス・水道の使用量が多いため、それらの容量を加味して設計をする必要があります。また、保健所の許可も必要になるので、その基準も十分に把握している必要があります。美容室の業務内容を詳細に知らない業者がデザイン・工事を行なうと、開店してからトラブルが起こる可能性があります。

Point 2 過去のデザイン・施工事例を確認してクオリティをチェック

言葉の説明だけでは、本当にイメージどおりの店舗をつくれる業者かどうかは判断できません。その業者の過去の施工事例を確認し、実際のクオリティを確認しましょう。

Point 3 コミュニケーションがしっかり取れる業者を選ぶ

サロンコンセプトやサロンオーナーの考えや思いを十分にヒアリングし、デザインに反映してくれる業者を選びましょう。店舗づくりの第一歩はデザイナーとの意思疎通です。

Point 4 工事見積もりについて詳しく説明してくれる業者を選ぶ

専門知識がないと工事見積もりはうまく読み取れないものです。本当に必要な工事なのかどうか、専門知識が十分にない開業者でも理解できるように、十分な詳細説明をしてくれる業者を選びましょう。

Point 5 工事の進捗を報告してくれる（現場監督がいる）業者を選ぶ

どんなに綿密に打合せを重ねても、打合せどおりの店舗が完成するとは限りません。工事の進捗は随時確認し、仕上がり具合をしっかり確認しましょう。

Point 6 アフターフォローが充実している業者を選ぶ

美容室では、電気・ガス・水道の使用量が多いので、その分、定期的なメンテナンスが必要になります。店舗設計デザイナーや工事業者を選ぶ際には、アフターフォロー体制が整っている会社を選びましょう。

また、店舗は長く使用するものですので、工事を依頼する業者も長い間営業を続けていけそうな体力と信頼のある業者（企業）を選ぶことも重要です。

工事業者への依頼には一括発注と分離発注がある

工事費用の内訳は、専門知識がないとなかなかわかりません。業者にはどのように発注すれば、無駄な費用と手間をかけずに済むのでしょうか?

すべてをひとつの業者に一括発注 安心できて手間もかからない

一括発注は、「店舗設計デザイン」と「工事」を、元請け業者に一括して依頼する方法です（次ページ上図参照）。設計・デザインから工事までのすべてを依頼するので、信頼のおける業者であれば安心して任せられ、様々な手間が省けます。

一括発注の場合、一番重要になるのは元請け業者に対する信頼です。すべてを一括して発注するので、もしデザインのクオリティが低かったり、コストコントロールができなかったり、各業者との連携がうまくいかなかったりした場合は、当然、納得のいくお店は完成しません。

一括発注の場合でも、開業者自身が責任を持って各工程において積極的に確認していきましょう。

また、元請け業者が店舗設計デザインを担当するケースが多く見られます。デザイン打合せを繰り返すうちに、次第にデザイナーとの信頼関係が生まれてきて、この人ならすべてを任せても大丈夫という気持ちにもなるものです。しかし、デザインと実際に工事をすることは別物です。自分の目でしっかり各工事業者のクオリティを確認し、工事費用についても、無駄な費用がないかチェックしましょう。

すべて自分でコントロールする分離発注 手間はかかるが自分で価格交渉できる

分離発注は、「店舗設計デザイン」と「工事」のそれぞれを依頼主の開業者がすべて自分で発注する方法です（次ページ下図参照）。

デザイン・工事の知識や業界事情について詳し

く知っていたり、交渉力に自信のある開業者の場合は、うまくすると低予算で納得のいくお店を実現させることができます。

　分離発注の場合、施主である開業者が主導で各業者とやり取りをする必要がありますが、開業者はデザインや工事のプロではありませんので、結果的に、多くは店舗設計デザイナーに頼ることになります。

　デザインはもちろん各工事業者の選定基準や価格の妥当性などは、素人ではなかなか判断が難しいでしょう。分離発注を選択する場合は、デザイナーのデザイン力を見極めたり、各業者とうまく連携・交渉を取る自信が自分にあるのか自問自答しましょう。また、開業者自身も責任を持って各工程の進捗確認を行ないましょう。

一括発注の仕組みとメリット・デメリット

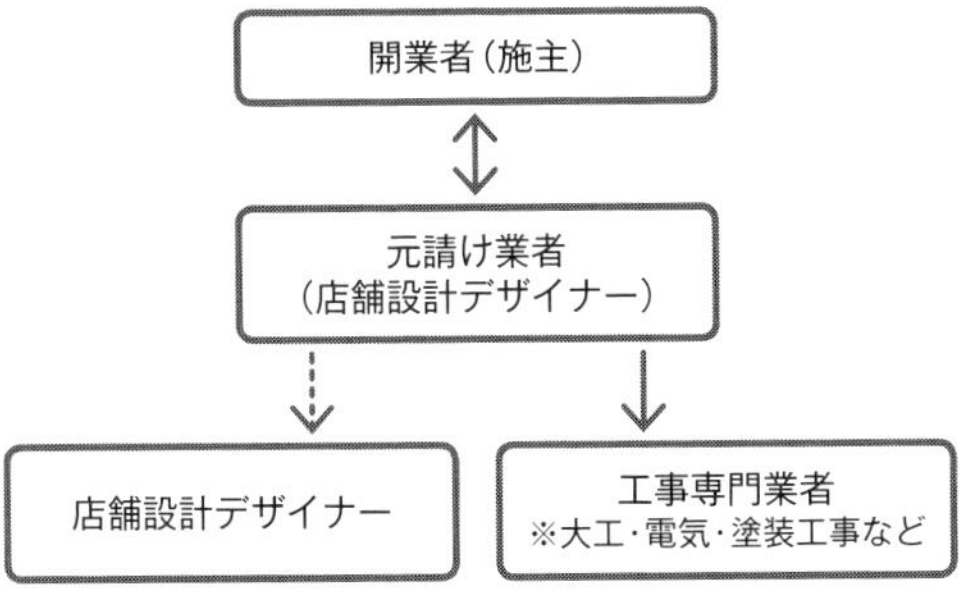

メリット

- 各種対応の窓口が一本化されているので手間がかからない。
- 一括発注なので責任の所在が明確。
- 工事業者まで決まっているので品質が安定的。

デメリット

- 価格競争力が弱い➡一括発注のため工事金額等について競争がなくコスト高になる可能性がある。
- 見積もりが不透明・説明不足になりやすい➡一括発注の場合、元請け業者が中心にコストコントロールをするため、注文主に対しての詳細な説明が不足するケースがある。

分離発注の仕組みとメリット・デメリット

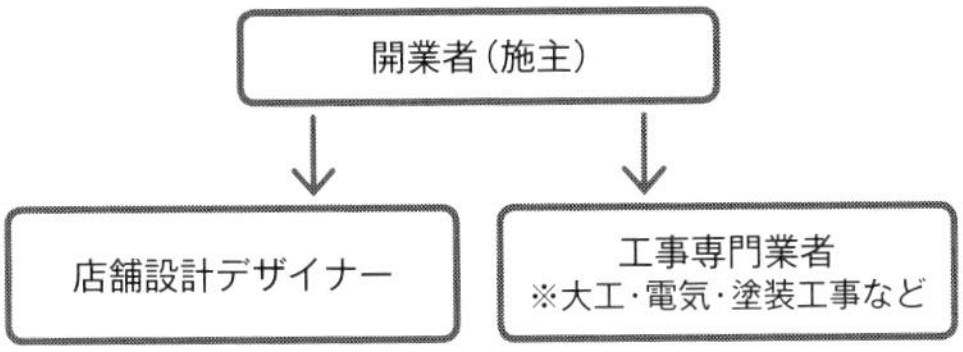

メリット

- 元請け業者が受け取る中間マージンを削減することができる。
- 店舗設計デザインから工事までの詳細が把握しやすい。

デメリット

- 施主である開業者自身が主導して進めるため手間と知識は必須。
- 店舗設計デザイナーの力量が仕上がりを大きく左右する➡分離発注とはいえ各専門施工業者への指示・命令は店舗設計デザイナーが行なうので、その力量が重要になる。とくに、デザイナーがはじめて一緒に仕事をする施工業者に依頼する場合は連携がうまくいかないこともあるので、開業者は進捗のチェックが大事。

現地調査時に必ずチェックしたい配管・配電

美容室では水道・電気・ガスの使用量が多く、物件に十分な容量の配管・配電設備が整っていなければなりません。これを見逃すと開店してから大変なことに！

うっかり見逃すと開業直前に大慌て！

美容室は、通常のサービス業に比べて、「上下水道」「電気」「ガス」をたくさん使用する業種です。もし美容室に必要な設備容量を満たしていないまま店舗づくりをしてしまうと、のちのちの美容室運営に大きな支障をきたしてしまいます。物件契約前、融資申請前には必ず確認しましょう。

それぞれどこをチェックすればよいのか、ポイントを見ていきましょう。

Check1 給排水

A・引込水道管口径（給水）の確認

水量効率を決める引込水道管口径は、20㎜以上あると安心です。

引込水道管口径の大きさは、主にシャンプー台の水量に影響を与えます。美容室で必要な水量を確保できるか、必ず確認しましょう。

引込水道管口径は、素人ではうまく確認できないケースもあります。また、シャンプー台の数等によっても必要容量は変わりますので、できる限り専門業者（店舗設計デザイナー等）に確認してもらいましょう。

物件テナントの階数によっては、給水圧力が不足するケースもありますので、併せて専門業者に確認してもらいましょう。

B・排水管口径（排水）の確認

水トラブルの原因の多くは排水トラブルです。

排水管口径の大きさの目安は75㎜以上あるかどうかで判断します。シャンプー台の数によって必要な大きさは変わりますが、水トラブルを起こす要因にもなりますので、必ず専門業者に確認してもらいましょう。

管を拡張する必要がある場合は、建物の状況にもよりますが、多額の追加工事費用が発生するケースがあります。物件契約後や工事開始後にその事実が発覚すると資金計画に大きな影響を与え、開業そのものができなくなることもありますので、必ず事前にチェックしましょう。給水も同様のチェックが必要です。

「電灯」と「動力」

電気には「電灯」と「動力」の２種類があります。ドライヤー等は電灯で、エアコンは動力です。通常の美容室では、動力はエアコンのみで使用されています。

また、動力は物件によって引き込まれていない場合もあります。引き込みをする場合は電力会社による工事が必要になりますので、事前に申請方法や費用を工事業者または電力会社へ確認しましょう。

Check 2 電気

美容室で必要な電気容量は、使用するドライヤーやその他の機器を考慮して算出していきます。ドライヤー１台あたり15Ａの電力が必要になります。たとえば、セット面４面でドライヤー４台を使用する場合は、４×15Ａ＝60Ａ以上が必要ということになります。

また、美容室では遠赤外線の促進器やスチーマー、デジタルパーマの機器等でも電気を使用しますので、これらも含めて電気容量を考えましょう。ドライヤーやその他機器が十分に使用できない環境では施術効率が落ち、顧客満足度も下がってしまいますので、物件契約前に必ず専門業者に確認してもらいましょう。

Check 3 ガス

まず、検討している物件のあるエリアのガスが「都市ガス」なのか「プロパンガス」なのかを調べましょう。

ガスには、「都市ガス」と「プロパンガス」の２種類ありますが、都市ガスは、水道と同じように地中に設置されたパイプラインを通して供給されています。

プロパンガスの料金に注意

都市ガスは電気代と同じく公共料金なのに対して、プロパンガスはガソリンと同様の自由料金になっています。

プロパンのガス契約時には、料金設定などの内容を確認したうえで契約を結びましょう。トラブルは少なくありません。

プロパンガスは、使用する場所にボンベを設置して、そこからガスを引き込みます。都市ガスが整備されていないエリアでは、プロパンガスを使用する必要があります。

詳しく調べていくうちに、「都市ガスは来ているが容量が足りない」「プロパンガスのボンベを置くスペースがない」などというケースも起こり得ますので、ガスについても、給排水や電気と同様に、専門業者に必ず確認してもらいましょう。

その他機器の設置スペースにも注意

給排水、電気、ガス以外にも、現地調査時に確認しなければいけないことは多々あります。

たとえば、ボイラー（給湯機器）やエアコン（室外機）等の設置場所の確認もそのひとつです。循環式ボイラーを使用する場合は、機器そのもののサイズが大きいので、設置可能かどうか事前に確認する必要があります。

現地調査は、必ず美容室の施工実績のある業者に依頼し、計画しているサービスが提供できるだけの設備が整えられるか、しっかりと確認しましょう。

Hair Salon
chapter 6

第6章

求める人材を見つけ・見極めるスタッフ採用のポイント

スタッフの技術力・接客力のレベルが
美容室が成功・繁盛するかどうかの鍵を握っています。
優秀な人材をどう見極め、どのように採用すればよいのでしょうか?

6×1

優秀なスタッフを採用する方法

オーバーストアで慢性的な人手不足にある美容室業界。
これから美容室を開業する人は、いかに優秀な人材を集められるかが安定経営の鍵です。

これからの美容室はより優秀な人材を確保することが鍵

現在、美容室の総数に対して美容師スタッフの数は少なく、完全な売り手市場になっています。接客業でもある美容師は、技術のみならず、人としての魅力も大切です。経営者は、技術と魅力の両方を兼ね備えた人材を採用したいところですが、現在、人材の必要数を確保することすら難しい状況です。しかし、日常業務のスムーズなサポートや、常連客を生み出してもらえるような優秀な人材がいないと、長期安定経営は望めません。

それでは、どうすれば、優秀なスタッフに来てもらえるのか、採用方法を見てみましょう。

❯美容室の人材採用パターン

美容室の人材採用には、大きくは次のような方法があります。

①求人媒体
②人材紹介会社
③専門学校やスクールからの紹介
④ハローワーク
⑤SNSや知人・友人・スタッフ等からの紹介

それぞれに特徴があり、費用も無料と有料とがあります。採用方法の詳細を確認したうえで、予算と自店舗に合った採用活動を行ないましょう(次ページ表参照)。

美容室業界では、長年オーバーストア状態が続き、多くの美容室が人手不足の課題を持っています。獲得競争が激しい業界ですので、やみくもに採用活動をするのではなく、美容師が求める条件(給与・勤務体系・教育制度等)や求人方法を把握したうえで採用活動を進める必要があります。

スタッフ採用の種類と特徴

		特徴	料金	例
求人媒体	紙媒体	美容室情報を求人誌へ掲載し、求職者を募る方法 掲載期間は2週間、1か月、3か月、6か月、12か月など	月額約3万～70万円 ※個人店の場合は、月額5万～20万円以内が相場 ※掲載料は枠の大きさで金額が異なる	・re-quest/Qjnavi ・タウンワーク
求人媒体	Web媒体	掲載期間は2週間、1か月、3か月、6か月、12か月など 有料掲載：Web求人誌へサロン情報を有料で掲載する 採用課金：Web求人誌を通して採用が決まった場合に費用が発生する ※組み合わせで料金を構成している媒体もある ※サイトへの入力を応募者が行なえば無料になるサイトもある	有料掲載：費用相場は月額約3万～70万円程度 採用課金：約5万～20万円（成果報酬1件あたり） クリック課金：1クリック約10円～	・ホットペーパービューティ ・re-quest/Qjnavi ・美プロ ・リジョブ ・indeed
人材紹介会社		人材紹介会社から求職者の紹介を受けて採用する方法。人材紹介会社に登録している求職者の中から、希望の人材を紹介してもらう	約15万～50万円（採用1人あたり）	
専門学校やスクールからの紹介		新卒採用をする場合に有効な採用方法。学校やスクール側も就職率を上げたいので、依頼すれば求人情報の掲示や説明会の実施に対応してくれる可能性あり	無料	
ハローワーク		公共の求人サービス。美容室の所在地を管轄するハローワークのみの告知となる	無料	
知人・友人・スタッフ等からの紹介		美容室業界では比較的多い方法。ヘッドハンティングに近い方法で、優秀な人材は紹介により美容室を移るケースが多い	無料	

6×2

いま、スタッフが美容室に求める条件

美容師の求人状況は現在、完全な売り手市場なので、経営者は給与、勤務体系といった待遇面で美容師スタッフの希望を満たさないと優秀な人材を確保できません。

給与、勤務体系、教育制度、独立支援制度…整備・改善すべきものはたくさん

美容師の売り手市場のいま、美容室はお客様から選ばれるのはもちろん、美容師スタッフからも選ばれないと生き残れません。

開業者は、求職を希望する美容師が勤務先の美容室に何を求めているのか的確に把握し、その希望をかなえる方法をどのように提供し、またどのように職場環境を作っていくのか具体策を考えていきましょう。

最初に、現在の美容師の特性から見ていきましょう。美容師スタッフの特性は、大きく次の3タイプに分けられます。

①夢・ビジョン重視型
②成果報酬（お金）重視型
③ライフスタイル重視型

①夢・ビジョン重視型のスタッフは、美容師としてのスキルアップや夢（独立など）を実現することを重要視していますので、多少、給与が低くても、勤務時間が長くても、目標の実現に近づいていると実感できれば、そう簡単に辞めることは考えません。

次に、②成果報酬重視型のスタッフの場合は、働いた分の成果に見合う対価を得ることができるかどうかを重要視していますので、そのスタッフの仕事の評価が給与や役職といった待遇面に反映されていれば、少々納得のいかない仕事を与えても、また仕事によってライフスタイルが崩れたとしても、辞めることは考えません。

最後に、③ライフスタイル重視型のスタッフの場合は、自分のライフスタイルが崩れないことを

重要視しているので、それさえ確保できていれば、多少給与が安くても、納得のいかない仕事を与えても、あまり辞めることは考えません。この特性のスタッフには、家庭を持っている主婦などがあてはまります。

男性美容師と女性美容師のそれぞれの事情

男性美容師の転職理由第１位は、「給与」という結果が出ています（左上表参照）。先ほど説明した３つの特性にあてはめると、男性は自分の仕事に対して、どれだけ評価してもらえるかを重要視する②のタイプが多いことがわかります。

女性も働く時代とはいえ、男性美容師は家計の大黒柱となるケースが多いので、仕事に対して経済的な要素を求めるケースが多くなります。ちなみに、美容業界の給与水準は、他の業界と比べて非常に低い水準といえます。

男性美容師の転職理由第４位は「将来性」となっていますが、「将来性」が意味するものは、ほとんどは独立のための転職です。「自分の美容室を持ちたい」という「夢」を実現させるためと、「経済的理由」が独立を考える理由です。次ページの給与ランキングからもわかるとおり、雇われて働いている限り、給与アップは難しいと判断するスタッフが多いといえるでしょう。

スタッフが転職を決意した理由

●男性美容師

第１位	給与
第２位	人間関係
第３位	教育方針
第４位	将来性（独立を含む）

●女性美容師

第１位	休日
第２位	勤務時間
第３位	人間関係
第４位	給与

※㈱ビューティガレージ調べ

現在の職場を選んだ理由

●男性美容師

第１位	給与
第２位	勤務地
第３位	将来性

●女性美容師

第１位	休日
第２位	給与
第３位	勤務地

※㈱ビューティガレージ調べ

一方、女性美容師の転職理由は、第1位「休日」、第2位「勤務時間」となっています（前ページ上表参照）。女性はライフスタイルを重視する傾向にあることがわかります。単にプライベートを充実させたいという理由もあるでしょうが、女性は仕事と家庭を両立しなければいけないという点が大きいでしょう。

美容室は女性が多く活躍する職場である一方、女性が働きやすい環境というわけではありません。美容師の仕事は繁忙が週末に集中するためカレンダー通りに休みが取れなかったり、アシスタントに技術指導する時間も取られるなど、勤務時間が長くなる傾向にあります。拘束時間が長いため、仕事と家庭の両立は非常に難しいといえます。美容師の経験がある主婦などは、働きたいと思う人も多いのですが、実際にはなかなか難しいのが現状です。

理美容師の給与ランキングは129職種中104位…

第1位	航空機操縦士
第2位	医師
第3位	大学教授
⋮	
第102位	精紡工
第103位	家具工
第104位	理容・美容師
第105位	販売店員（百貨店店員を除く）
第106位	パン・洋生菓子製造工

※平成30年賃金構造基本統計調査。企業規模計（10人以上）、決まって支給する現金給与額をもとにランキングしたもの

技術職ならではの師弟関係人間関係も重要ポイント

どんな職場でも人間関係の難しさはありますが、美容室業界でも人間関係は離職・転職を左右する重要なポイントになります。

とくに美容師は技術職であり、師弟関係は大きく影響します。たとえば、技術指導を担当する先輩スタッフとの関係がうまくいかなければ、自分自身の技術習得が進歩しないなど、キャリアに直結するほど重要なものなのです。

このような人間関係を個人の問題だからと放っておくと、店内が悪い雰囲気になったり、優秀なスタッフが育たないなど、お店の経営にも影響しかねません。経営者は些細な人間関係にも気を配る必要があります。

6×3

採用面談で人を見抜くチェックポイント

時間と費用と労力をかけてようやく採用したスタッフなのに、あとで「こんなはずじゃなかった…」とならないよう、採用の合否はしっかり見極めましょう！

美容室を成長させていくには開業者ひとりの力だけでは限界があり、スタッフの協力が必要です。それでは、優秀なスタッフはどのように採用したらよいのでしょうか。

スタッフを募集し、採用の合否を決めるためには、まずは応募者の人物像を的確に把握する必要があります。どのような夢・ビジョンを持っている人物なのか、どのような経歴があるのか、仕事に対する考え方など、チェック項目がいくつかあります。

求職者の特性3パターンを把握しておこう

応募してくる美容師の特性は、前項でも見たように大きく次の3パターンに分類されます。採用面談時に、その美容師は何を重視しているタイプなのかチェックしましょう。

①夢志向型

自分の夢の実現が第一優先で、そのためならその他のことを犠牲にできるタイプ。

②成果報酬型

仕事をやった分の成果を正当に評価（給与額や役職）されたいタイプ。

③ライフスタイル型

夢や給与額より勤務条件やライフスタイルを優先して考えるタイプ。

これら特性パターン①～③の複数にあてはまるタイプの人も多く見られます。面談時には、とくにどのパターン特性が強いのか見ていきましょう。そして、あなたのサロンが望む人物像に近いかどうか判断していきましょう。

採用面談時に押さえておきたい基本チェック項目

①面談時にさりげなくチェックする項目

⑴ 約束時間5分前に到着（遅延の場合の連絡）

・時間にルーズな人はサロンのルールや規則にもルーズな場合がある

⑵ 服装は？

・ファッション性と美容室の雰囲気に合っているかをチェック

・エステ系、リラクゼーション系は制服を指定する美容室が多いため、ファッションセンスよりは身だしなみ（清潔感、最低限の肌の手入れ、メイク）がより大事

⑶ 挨拶がしっかりできるか？

・基本的な挨拶のほか、心遣いの言葉が言えるかなどもチェック

・接客の際の言葉遣いや敬語の使い方などがしっかりできているかがポイント

②面談時には何をどう質問するか

・履歴書は事前に確認しておき、求職者が和みやすい話題から入っていく

・面接担当者は「はい・いいえ」の答えしか返ってこないような質問は避ける

・応募の動機や職種選択の理由が出てくるような質問をする

・「このお店」を選んだ理由より、「この職種」を選んだ理由を聞く（納得のいく論理的な答えが出るまで聞く）

・過去の職場での業務内容をより深く聞き、このお店では何ができるかを聞く

・前職のよかった点、うれしかった経験などを細かく説明してもらう

・自分の仕事の成果を上げる条件や環境はどんなことだと思うか聞く

・過去の転職理由を聞く（なぜそうしたのか、説得力のある回答かどうかをチェック）

・残業がどのくらいあるかを伝えて問題ないかを聞く

「話が違う」「こんなはずじゃ…」のちのちのトラブルを避けるには

せっかく採用しても、採用者とスタッフの双方が「面接での話と違う」などということになって

しまったら元も子もありません。採用者が「履歴書に書いてあったレベルの技術がない」と思ったり、スタッフが「面接で話していた待遇と違う」と感じたりした結果、スタッフがすぐに辞めてしまったら、それまでの時間とお金が無駄になります。面接時には、細かい内容や、話しにくいような内容だとしても、双方が慎重に確認し合っておく必要があります。

最低限、以下のことは実行しましょう。

①技術力をチェック

キャリアのあるスタッフ募集の場合、履歴書に「経験○年以上」などと記載してあっても、入客の数、または、前職場の技術レベルが異なるケースもあるため、採用前に技術チェックをするとよいでしょう。

②採用通知書（雇用条件など）を渡す

「面接時に伝えたはず」「いや聞いてない」などと、のちのちのトラブルを未然に防ぐため、採用決定時には、雇用条件なども記載した採用通知書を渡すとよいでしょう。

③採用審査はある程度の時間をかける

急募であっても、簡単な5～15分程度の面談だけで採用を決めてしまうのは避けましょう。説明不足のまま採用してしまうと、スタッフがすぐに退職してしまうリスクが高まります。

採用面談チェックリスト（質問事項）

質問項目（例）

①応募者自身の志向・人柄に関して
- □美容室という仕事を選んだ理由は何ですか？
- □この美容室のサロンコンセプト（理念やビジョン）に対して、どう思いますか？
- □あなたがこの美容室でやりたいことは何ですか？

②これまでの仕事について
- □前の美容室を辞めた（辞めたい）理由は何ですか？
- □これまで何かに没頭した経験はありますか？
- □前職での売上、新規再来率、指名客数はどれくらいですか？

③勤務時間・待遇等について
- □給与形態についての希望はありますか？（固定給・歩合給等）
- □正社員やパート・アルバイト等、希望する雇用形態はありますか？
- □美容室内の研修や練習会に参加できますか？

スタッフをどう雇うか考えよう！

スタッフの雇用形態は、正社員やパート、アルバイトなど様々です。どの形態で雇うのか、経営者の都合やスタッフの希望などに応じてフレキシブルに使い分けましょう。

スタッフをどのような雇用形態で雇うのかは、美容室の成長にも関わるので戦略的に考える必要があります。人を雇うと人件費が発生し、雇用形態によっては、社会保険や手当などを負担する義務も生まれます。その一方で、スタッフの働きやすさや金銭的な待遇にも配慮しないと、長い期間働いてもらえません。

ここでは、美容室で人を雇う時にはどんな点に注意したらよいか考えてみましょう。

雇用形態にはどんなものがある？

雇用形態は様々あります。まずは、どのような雇用形態があるのか把握し、それぞれの特徴を簡単に見てみましょう（次ページ表参照）。

①正社員

・会社と期限のない雇用契約を結んだ従業員で、フルタイムで勤務する雇用形態

②契約社員

・労働契約にあらかじめ雇用期間が定められている雇用形態

③派遣社員

・人材派遣会社からの派遣によって派遣先で働く労働者。派遣先は派遣元にお金を支払う

④パート社員・アルバイト

・1週間の所定労働時間が、同じ店舗に雇用されている正社員と比べて短い雇用形態

⑤業務委託

・雇うのではなく、特定の業務を委託して、独立した事業主として働いてもらう労働形態。従業員ではないため、美容室からの指揮命令は受けない

これらの雇用形態や法的な制約などは人を雇う

各雇用形態の内容と特徴

	内容	特徴
①正社員	会社と期限のない雇用契約を結んだ従業員で、フルタイムで勤務する雇用形態。従業員には、一定の雇用条件のもとで固定給が保証されている。福利厚生や定年後の年金も必要に応じ整備する必要がある。	・雇用期間に期限がない、長期勤務を前提とした雇用形態。 ・転勤や配属などは会社の意向で決められる。 ・勤務時間や休暇など、会社のルール（就業規則）を制定できる。 ・労働保険や社会保険など、必要に応じ加入しなければならない。また、福利厚生や賞与等の制度の整備も必要になる。 ・長期勤務が前提なので、社内研修等の教育制度を整備する必要がある。
②契約社員	労働契約にあらかじめ雇用期間が定められている雇用形態。契約期間は労働者と使用者の合意により定めたものであり、契約期間満了により契約は自動的に終了する。1回当たりの契約期間の上限は一定の場合を除いて3年。	・期間限定の契約なので、必要な時にだけ必要な人材を得ることができる。 ・従業員の能力が高ければ、契約更新や正社員雇用等の交渉ができる。 ・短期勤務が前提のため、長期間のプロジェクト業務や組織の幹部候補には向かない。 ・短期勤務のため、組織の理念やビジョンの共有が難しい。
③派遣社員	労働契約は人材派遣会社（派遣元）との間で結ばれる。そのうえで、派遣元が労働者派遣契約を結んでいる会社（派遣先）に労働者を派遣し、労働者は派遣先の指揮命令を受けて働く。労働者派遣法により細かいルールが定められている。	・求めている条件の人材を派遣会社が選定し紹介するので、採用にかかる労力が軽減できる。 ・従業員の能力が高ければ、契約更新等の交渉ができる。 ・短期勤務が前提のため、長期間のプロジェクト業務や組織の幹部候補には向かない。 ・短期勤務のため、組織の理念やビジョンの共有が難しい。 ・福利厚生等にかかる費用を軽減できる。
④パート社員・アルバイト	パートタイム労働者を雇用する使用者は、パートタイム労働法に基づき、公正な待遇の確保や正社員への転換などに取り組むことが義務付けられている。	・業務量に応じ従業員の勤務時間等を調整できるので、経費を圧縮しやすい。 ・従業員の能力が高ければ、契約更新や正社員雇用等の交渉ができる。 ・従業員の希望により勤務時間等が決まるので、業務量に応じたシフト管理等が難しい。 ・福利厚生等にかかる費用を軽減できる。
⑤業務委託	業務委託は、委託者（美容室）から仕事の依頼を受けた受託者（美容師）が、完全報酬や出来高制で業務を行なう形態。受託者（美容師）は、指揮命令を受けない「事業主」として扱われ、基本的には「労働者」としての保護を受けることはできない。	・実態が労働者と判断されれば、社会保険料逃れ等を目的とした偽装契約と見なされることもある。 ・労働者性があるかどうかの判断は、「仕事の依頼に対して諾否の自由はあるか」「仕事の進め方について指定や指示がないか」「作業場所や勤務時間が自由か」など、判断基準が設けられている。

※上記内容は、大まかな特徴を掲げたものです（2020年1月時点）。詳細については厚生労働省ホームページ、社会保険労務士などの専門家、労務関連専門書などでご確認ください。

前に確認しておきましょう。たとえば、パート、アルバイトなど非正社員でも、1週間の勤務時間の長さによっては雇用者が労働保険および社会保険に加入し、保険料を負担する必要があるケースも出てきます。

雇用形態を決めるときの注意ポイント

スタッフの雇用形態を決めるとき、長期か短期かという選択肢のほかにも考慮したい点があります。スタッフをどの形態で雇用するかという選択を誤ると、スタッフの職場への不満を高め離職率が上がります。スタッフが育たず辞めてしまえば、美容室を大きく成長させることは困難です。

美容室とスタッフの両者にとって最善の雇用形態を選択できるよう、まずはいくつかのポイントを押さえましょう。

Point 1 採用計画
美容室の中・長期ビジョンから計画する

スタッフの採用・雇用計画を決めるためには、まず美容室の中・長期ビジョン（計画）を考える必要があります。美容室の将来計画が決まれば、その計画に必要なスタッフの数や技術・接客レベルを想定することができます。

Point 2 正社員
将来的に美容室の中核を担う人材

たとえば、多店舗展開を計画している場合は、店舗で技術者として働くスタッフに加え、その店舗を管理・運営できるスタッフが必要になります。管理職スタッフについては、美容室の中核を担う人材ですので、長期間・フルタイムで働ける正社員としての雇用が望ましくなります。

管理職スタッフには、技術力・接客力はもちろん、スタッフマネジメントや店舗の運営管理能力も求められます。

また、美容室の事業理念や事業目標の共有や共感も求められますので、長期間の育成が必要になります。長期的視点を持ち、現在その能力がなくても将来期待しているスタッフについては、正社員として雇用し育成を進めていくのもよいでしょう。

Point 3 契約社員
スタッフの力量を見極めたい場合

美容師は技術職であると同時に、デザイン等のクリエイティブな力が問われる仕事です。また、接客業でもありますので、お客様とのコミュニケーション能力も問われます。求めている人材かどうか見極めるのは非常に難しいといえます。採用・教育には多額の費用がかかりますので、より慎重に見極めたい場合は、いったん契約社員として

雇用するのもひとつの手です。

Point 4 パート社員・アルバイト
労働条件（勤務時間等）に制約のある人材

たとえば、結婚・出産をした女性スタッフの中には、家事や子育てがあるため正社員として働きたくても働けない人がいます。このように労働条件に制約のあるスタッフに対しては、フレキシブルに働くことができる環境が必要になります。

慢性的な人材不足の美容室業界では、パート社員やアルバイトで働ける即戦力のスタッフは非常に貴重な存在です。労働条件に制約はありますが、働ける環境作りができれば、美容室の成長・発展に大きな力を与えてくれる可能性があります。

Point 5 業務委託
独立志向・成果報酬志向の人材

美容室は全国に約25万件あることからもわかるように、独立するスタッフが非常に多い業種です。業務委託とは、事業主（美容室）対事業主（技術者）の契約ですので、これもひとつの独立の形です。

技術者として非常に優秀（売上がある）で、独立志向が強いスタッフや自由な勤務スタイルを求

めるスタッフについては、「業務委託」という労働形態が合っている場合もあります。人材不足の中で、優秀な人材を確保するのはさらに困難なことです。美容室を存続・成長させていくためのひとつの方法として、業務委託も検討するとよいでしょう。

以上のように雇用形態の選択は、経営者にとって美容室の存続・成長を大きく左右する重要事項ですが、同時にスタッフにとっても人生を左右する重大なことです。

経営者は、スタッフ1人ひとりから将来のビジョンを十分に聞かせてもらい、スタッフにとってもベストな選択ができるよう心がけましょう。

そもそも、美容室が目指す将来ビジョンとスタッフが目指す将来ビジョンが同じ方向を向いていなければ、一緒に歩んでいくことはできません。

Hair Salon
chapter 7

第7章
開業手続きと美容室の運営管理

開業時および店舗を運営する際には様々な手続きが必要です。
事前に必要な手続きを確認し、余裕をもって開業準備を進めましょう。

7×1

保健所の認可を受けないと開業できない

美容室を開業するためには、まずは保健所への申請と許可が必要です。保健所の定める衛生的な基準を満たしているか必ず確認しましょう。

美容室開業の際には、保健所へ届出をして開設を申請し、その許可を得なければなりません。開業準備の早い段階で保健所の検査基準や手続きの流れを把握し、スムーズに手続きを進められるようにしましょう（次ページ上図参照）。保健所への届出の際には、「美容所開設届」「施設の構造設備の概要」「従業者一覧」など（143ページ参照）の必要書類を提出します（次ページ下表参照）。

美容室の施設基準はどうなっている？

美容室のオープン前には、保健所が指定する書類を提出し、その後に立入検査を受け、一定の検査基準をクリアしなければなりません。たとえば、作業室面積に対する設置可能なセット椅子の数、照明の明るさ、換気設備等、たくさんの基準が設けられています（142ページ図表参照）。

基準を満たさず保健所の許可がおりなければ開業できませんので、必ずその内容を把握したうえで準備を進めましょう。

ちなみに、施設名称や開設者の住所・管理者等を変更した際には「美容所変更届」を、従業員の異動があった際には「美容所（従業者）変更届」を提出するなど、開業時の申請内容に変更があった際にも必要書類の提出が求められますので、開業時に併せて確認しておきましょう。

申請・許可をスムーズに進めるベストな方法

保健所への申請・許可をトラブルなく進めるためのベストな方法は、店舗デザインができた段階（工事開始前）で保健所へ出向き、平面図等を担当者へ見せて、基準を満たしているか直接確認することです。保健所からの改善要請があった場合でも、工事前であれば追加費用を払わずに修正できます。

保健所への申請・手続きの流れ

1　事前相談（工事開始前までに）
工事開始前に計画図面を用意して保健所へ直接相談するとよい。提出書類は数種類あるので、相談に出向いた際に確認して準備を進めておく。

↓

2　開設届の提出（営業開始の1週間前までに）
必要書類（下表参照）を準備して管轄の保健所へ提出。書類提出時に開設検査手数料を納め、開設検査（立入検査）日時の調整を行なう。

↓

3　開設検査（立入検査）
開設検査日時に保健所の職員による立入検査が実施される。提出書類をもとに構造（面積・照明等）、消毒設備などについて確認検査が行なわれる。

↓

4　確認証発行（開設検査の翌日～営業開始日までに）
開設検査で基準を満たすと確認証が発行されるので、連絡があったら受領印を持って受け取りに行く。

開業の際には消防検査も受ける！

美容室を開業するには、保健所の基準に加えて、消防検査の基準もクリアする必要があります。

内外装工事に伴って必要になる防災設備（火災報知設備、非常警報設備、誘導灯、消火器等）は、必ず基準を満たすよう整備しましょう。

消防法は改正されてから検査基準が厳しくなってきています。少なくとも工事開始前までには、店舗設計デザイナーや管轄の消防署へ相談・確認をし、準備を整えましょう。

保健所への提出書類

【提出期限】　開業の約1週間前まで

【必要な書類など】

1	開設届（開設者の印鑑が必要）
2	施設の構造設備の概要と平面図、付近の見取図
3	従業者一覧
4	医師の診断書（結核、伝染性皮膚疾患について記載したもので発行後3か月以内のもの）
5	理・美容師免許証　本証提示（全員のもの） ※美容師が複数（常時2名以上）いる美容所の開設者は美容所の衛生管理の責任者として管理美容師を置かなくてはならない。
6	開設者が法人の場合は登記簿謄本、外国人の場合は外国人登録証明書
7	検査手数料（24,000円）※東京都の場合（2020年1月現在）

※書類の書式は、各管轄の保健所によって異なることがあるので、必要書類は管轄の保健所のホームページもしくは窓口より入手する。

保健所が定める美容室の施設基準（東京都渋谷区保健所の例）

【作業室の面積】

1作業室の面積は13㎡以上である。
作業室は作業室以外のスペースと区画をする。

【作業椅子台数】

作業室面積13㎡で作業椅子6台まで。7台以上は、1台につき3㎡追加する。
※作業椅子には、セット椅子、シャンプー椅子、コールド待ち椅子等が含まれる。

椅子の台数	1~6台	7台	8台	9台	10台	11台
作業室面積	13.0㎡	16.0㎡	19.0㎡	22.0㎡	25.0㎡	28.0㎡

【客待場所】

客待場所は、入口付近で作業室を通過しない場所に設け、作業室との間に区画等を設ける。
区画に適するもの：固定したつい立て、動かせない家具、壁や扉
区画に適さないもの：固定していないつい立て、カーテン、観葉植物

【洗髪設備】

流水式の洗髪設備を設ける。 ※施術内容によって洗髪設備を省略する場合は要相談。

【消毒場所】

流水設備のある洗い場を設ける（トイレの手洗設備及び洗髪設備とは別に設ける）

- **消毒薬** 逆性せっけん（塩化ベンザルコニウム溶液）、次亜塩素酸ナトリウム溶液、消毒用エタノール等。
- **メスシリンダー** 500mL又は1L、50mL又は100mLを1つずつ用意する。
- **薬液容器** 器具を消毒液に浸して消毒するために使用。消毒効果を保つため、ふたつき専用容器を用意。
- **乾燥器（棚）** 器具の洗浄後の水切り、薬液消毒後の乾燥のための水切りカゴや水切り棚を用意。
- **消毒済器具容器** 消毒済器具を清潔に保管するため専用のふたつきの容器等を用意。
- **未消毒器具容器** 消毒前の器具を消毒済器具と明確に区分するため、専用の容器を用意。ふたは不要。
- **布片（タオル）格納棚** 洗浄・消毒済のタオル等の布片類を保管するため、専用のふたつきの容器等を用意。オープン棚で目隠しする程度では、ほこりやネズミ等の侵入を防止できず不十分。
- **未洗浄布片（タオル）容器** 清潔な未使用のタオル等の布片類と区別するため、専用の容器を用意。ふたは不要。
- **ふたつき毛髪箱・ふたつき汚物箱** 毛髪専用、汚物専用として、ふたつきのごみ箱を最低2個用意。

【床・腰板（壁）】

不浸透性材料（コンクリート、タイル、リノリウム板等）を使用。
適さないもの：たたみ、カーペット、ふすま、障子等

【採光・照明・換気】

採光・照明・換気を充分にする。
作業面照度：100ルクス以上、室内炭酸ガス濃度：0.5%以下

※詳細については必ず管轄の保健所へ確認のこと。

美容室開設時の必要書類（管轄の保健所によって書式の仕様は異なる）

文書番号	渋健生収 第　　号	台帳処理		照合	

年　月　日

渋谷区保健所長殿

開設者住所

氏　　名　　　　　　　　　　印

年　月　日生　電話　（　　）

（法人の場合は、その所在地、名称及び代表者氏名）

理・美容所開設届

下記のとおり開設するので、理容師法第11条第1項／美容師法第11条第1項の規定により届け出ます。

記

1 施設の名称

2 施設の所在地　　　電話　（　　）

3 管理理・美容師の氏名

住所

4 構造及び施設の概要　　別紙のとおり

5 理・美容師の氏名・免許番号及びその他の従業員の氏名　　別紙のとおり

6 理・美容師にあっては伝染性疾病の有無

7 開設予定日　　年　月　日

添付書類　1 理・美容師にあっては当該理・美容師に係る伝染性皮膚疾患、結核の有無に関する医師の診断書
2 管理理・美容師にあってはそれを証する書類
3 開設者が外国人の場合は、住民票の写し（住民基本台帳法第30条の45に規定する国籍等を記載したものに限る）
4 開設者が法人の場合は、登記事項証明書

注　開設者は太線の内側だけ記載してください。

	保健所収受印	料金収納済印	業種別手数料印
			業種 理容所・美容所 ￥24,000－ 渋谷区保健所 生活衛生課

美容所開設届

No.

理・美容所（従業者）名簿

施設の名称

施設の所在地　渋谷区　　　電話　（　　）

開設者名

	管理理・美容師	氏名 生年月日	理容師・美容師免許証 発行者	年月日 番号	照合印	管理理容師・美容師資格認定講習会修了証書 発行者	年月日 番号	照合印	備考
（例）	○	渋谷 花子 S61・6・10 生	厚生労働大臣	H24・5・30 123456		試験研修センター	H28・6・30 1234		
		・　・　生		・　・			・　・		
		・　・　生		・　・			・　・		
		・　・　生		・　・			・　・		
		・　・　生		・　・			・　・		
		・　・　生		・　・			・　・		
		・　・　生		・　・			・　・		
		・　・　生		・　・			・　・		
		・　・　生		・　・			・　・		
		・　・　生		・　・			・　・		

従業者一覧

医師の診断書（様式見本）

診　断　書

氏名	男・女	生年月日（和暦）	年　月　日
住所			

結核性疾患、伝染性皮膚疾患〔伝染性膿痂疹（トビヒ）・単純性疱疹・頭部白癬（シラクモ）・疥癬等〕の現症を認めない。

上記のとおり診断します。

年　月　日

所在地

名称

医師　　　　　　印

構造設備の概要（東京都多摩府中保健所の例）

理容所／美容所　構造設備の概要

建物の構造	鉄筋コンクリート、鉄骨、木造、その他（　　）　階建　使用部分　階				
採光窓	有		無		
照明	蛍光灯		普通電球		
	W　個		W　個		
	W　個		W　個		
	W　個		W　個		
	W　個		W　個		
	W　個		W　個		
換気	機械（1種　2種　3種　換気扇　φ　個）				
作業室	㎡	計	作業室と客待場所との境　ケース　ツイタテ　その他（　　）		
客待場所	㎡	㎡			
作業イス	台	内容	理容イス　台	シャンプーイス	台
			セットイス　台	美顔術イス	台
アームドライヤー	台		ドライヤーイス　台		
床	コンクリート、ビニルタイル、板				
腰板	コンクリート、ビニルタイル、板				
消毒設備	消毒室（場所）　㎡		乾燥器（タナ）　個		
	紫外線消毒器　台		布片格納ダナ　個		
	メスシリンダー　CC　個　CC　個		消毒済器具容器　個		
			未消毒器具容器　個		
	薬液容器　平型　個　円筒型　個		未洗浄布片容器　個		
	器具（タオル）洗場　箇所				
その他設備	蒸タオル器　台		暖房設備		
	ふたつき毛髪箱　個				
	ふたつき汚物箱　個		冷房設備		
	全身美容ベッド　台				

7✂2

個人事業で開業するときの届け出申請

個人事業でお店をオープンするときには税務署への申請も必要になります。手続きを忘れると余計に税金がかかる場合もあるのでしっかり確認しましょう。

開業後まもなく提出が必要な各種手続き書類を忘れずに

前項で、美容室の開業にあたって、保健所への申請・認可が必要なことを説明しました。しかし、開業の際にする手続きはこれだけではなく、税務署へ各種必要書類を提出しなければなりません。

これらの申請は美容室開業に限ったものではなく、多くの業種の店舗が開業する際にも必要となるものです。

各種手続きが不十分だと、開業したあとからトラブルになることもあるので、店舗を管轄する税務署に出向き、担当部署に手続きの詳細について説明を受けましょう。青色申告承認申請書など節税につながる書類もあるので、内容を把握したうえで期限内に必要書類を提出しましょう。一般的に、税務署等への提出が必要な書類は次のとおりです。

▶管轄の税務署に提出する書類

①個人事業の開業・廃業等届出書↓次ページ参照
②所得税の青色申告承認申請書↓146ページ参照
③給与支払事務所等の開設・移転・廃止等届出書↓146ページ参照
④青色事業専従者給与に関する届出書↓147ページ参照

▶管轄の都道県税事務所に提出する書類

⑤個人事業開始申告書↓147ページ参照

このほか、「所得税の減価償却資産の償却方法の届出手続」「源泉所得税の納期の特例の承認に関する申請」など、必要に応じて提出する届出書がありますので、最寄りの税務署や税理士等の専門家に必ず確認しておきましょう。

税務署受付印

1	0	4	0

個人事業の開業・廃業等届出書

＿＿＿＿＿＿＿＿税務署長

＿＿年＿＿月＿＿日提出

納税地	住所地・居所地・事業所等（該当するものを○で囲んでください。） （TEL　－　－　）
上記以外の住所地・事業所等	納税地以外に住所地・事業所等がある場合は書いてください。 （TEL　－　－　）
氏名《フリガナ》	㊞ ｜ 男・女 ｜ 生年月日 ｜ 大正 昭和 平成　年　月　日生
職業	屋号《フリガナ》

個人事業の開業・廃業等について次のとおり届けます。

届出の区分 （該当する文字を○で囲んでください。）	開業（事業の引継ぎを受けた場合は、受けた先の住所・氏名を書いてください。） 住所＿＿＿＿ 氏名＿＿＿＿ 事務所・事業所の（新設・増設・移転・廃止） 廃業（事由） （事業の引継ぎ（譲渡）による場合は、引き継いだ（譲渡した）先の住所・氏名を書いてください。） 住所＿＿＿＿ 氏名＿＿＿＿			
開業・廃業等日	開業や廃業、事務所・事業所の新増設等のあった日	平成　年　月　日		
事業所等を新増設、移転、廃止した場合	新増設、移転後の所在地	（電話）		
	移転・廃止前の所在地			
廃業の事由が法人の設立に伴うものである場合	設立法人名		代表者名	
	法人納税地		設立登記	平成　年　月　日
開業・廃業に伴う届出書の提出の有無	「青色申告承認申請書」又は「青色申告の取りやめ届出書」	有・無		
	消費税に関する「課税事業者選択届出書」又は「事業廃止届出書」	有・無		
事業の概要 （できるだけ具体的に書いてください。）				

給与等の支払の状況	区分	従事員数	給与の定め方	税額の有無	その他参考事項
	専従者	人		有・無	
	使用人			有・無	
				有・無	
	計				

源泉所得税の納期の特例の承認に関する申請書の提出の有無	有・無	給与支払を開始する年月日	平成　年　月　日

関与税理士
（TEL　－　－　）

税務署整理欄	整理番号	関係部門連絡	A	B	C	D	E

源泉用紙交付	通信日付印の年月日	確認印
	年　月　日	

①個人事業の開業・廃業等届出書

【概要】国や自治体へ事業開始を知らせるための手続き
【提出時期】開業日から1か月以内
【提出先】納税地を所轄する税務署長

②所得税の青色申告承認申請書

【概要】青色申告の承認を受けようとする場合の手続き

【提出時期】開業日から2か月以内（青色申告をしようとする年の基本3月15日まで。1月16日以後、新たに開業した場合開業日から2か月以内）

※提出期限内に申請できなかった場合は、白色申告で確定申告となる。

【提出先】納税地を所轄する税務署長

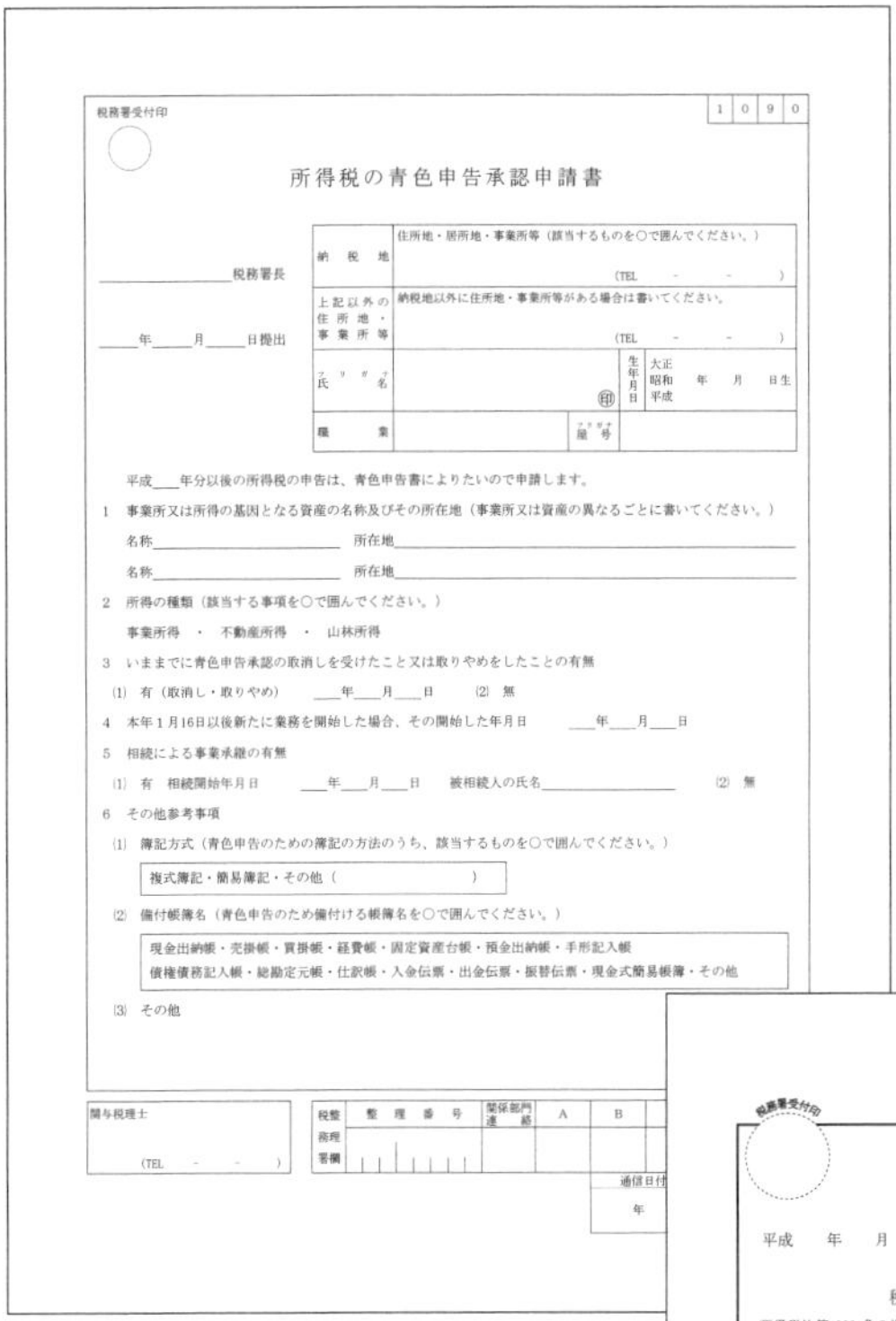

税務署受付印　1090

所得税の青色申告承認申請書

＿＿＿＿税務署長

＿年＿月＿日提出

納税地	住所地・居所地・事業所等（該当するものを○で囲んでください。）（TEL　-　-　）		
上記以外の住所地・事業所等	納税地以外に住所地・事業所等がある場合は書いてください。（TEL　-　-　）		
氏《フリガナ》名	㊞	生年月日	大正・昭和・平成　年　月　日生
職業		屋《フリガナ》号	

平成＿年分以後の所得税の申告は、青色申告書によりたいので申請します。

1　事業所又は所得の基因となる資産の名称及びその所在地（事業所又は資産の異なるごとに書いてください。）

名称＿＿＿＿　所在地＿＿＿＿

名称＿＿＿＿　所在地＿＿＿＿

2　所得の種類（該当する事項を○で囲んでください。）

事業所得　・　不動産所得　・　山林所得

3　いままでに青色申告承認の取消しを受けたこと又は取りやめをしたことの有無

⑴　有（取消し・取りやめ）　＿年＿月＿日　⑵　無

4　本年1月16日以後新たに業務を開始した場合、その開始した年月日　＿年＿月＿日

5　相続による事業承継の有無

⑴　有　相続開始年月日　＿年＿月＿日　被相続人の氏名＿＿＿＿　⑵　無

6　その他参考事項

⑴　簿記方式（青色申告のための簿記の方法のうち、該当するものを○で囲んでください。）

複式簿記・簡易簿記・その他（　）

⑵　備付帳簿名（青色申告のため備付ける帳簿名を○で囲んでください。）

現金出納帳・売掛帳・買掛帳・経費帳・固定資産台帳・預金出納帳・手形記入帳
債権債務記入帳・総勘定元帳・仕訳帳・入金伝票・出金伝票・振替伝票・現金式簡易帳簿・その他

⑶　その他

関与税理士（TEL　-　-　）

税務署整理欄　整理番号　関係部門連絡　A　B

通信日付　年

③給与支払事務所等の開設・移転・廃止等届出書

【概要】給与の支払者が、国内において給与等の支払事務を取り扱う事務所等を開設した場合に、その旨を所轄税務署長に対して届け出る手続き

【提出時期】開設日から1か月以内

【提出先】給与支払事務所等の所在地の所轄税務署

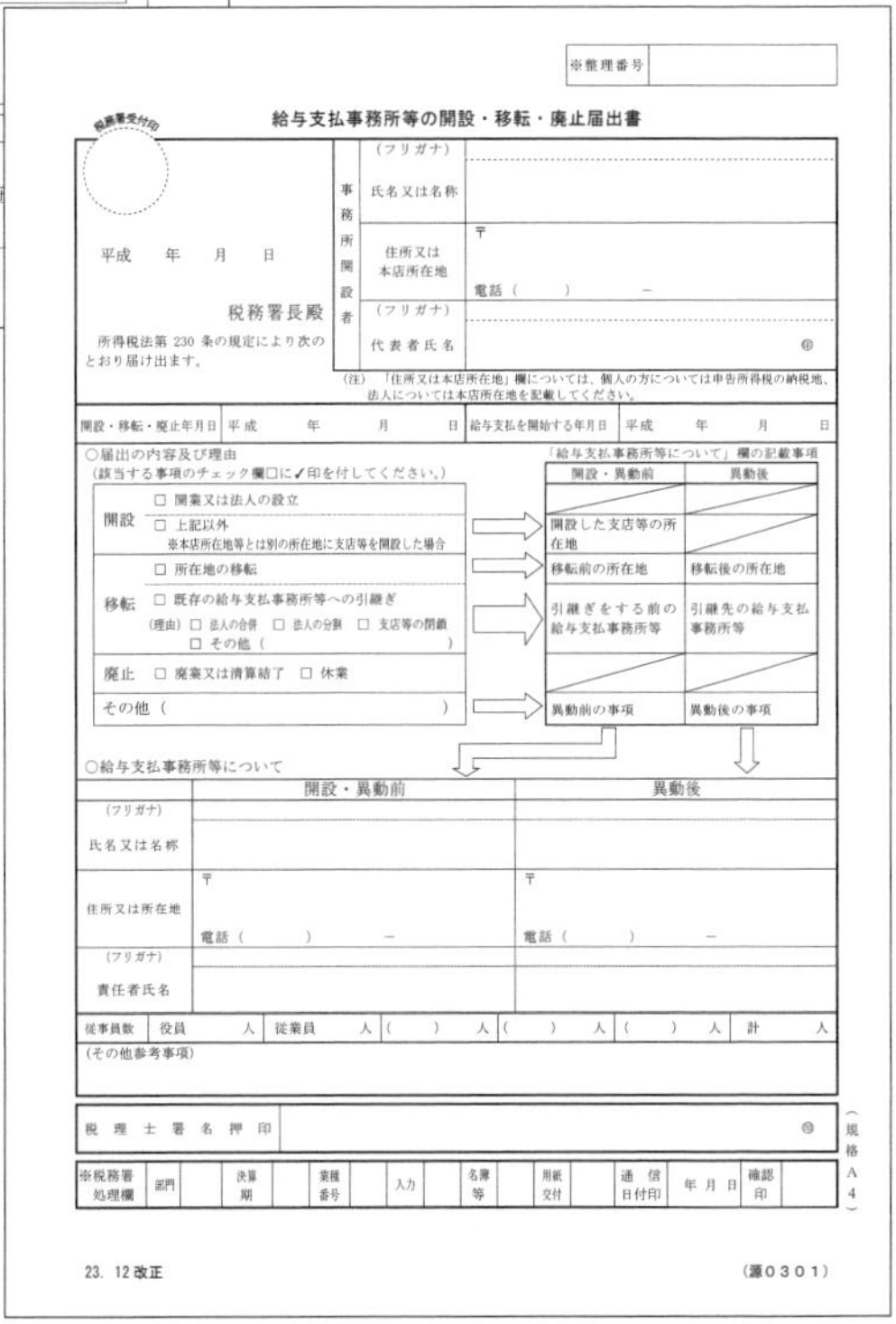

※整理番号

税務署受付印

給与支払事務所等の開設・移転・廃止届出書

平成　年　月　日

税務署長殿

所得税法第230条の規定により次のとおり届け出ます。

事務所開設者		
	（フリガナ）	
	氏名又は名称	
	住所又は本店所在地	〒　電話（　）　−
	（フリガナ）	
	代表者氏名	㊞

（注）「住所又は本店所在地」欄については、個人の方については申告所得税の納税地、法人については本店所在地を記載してください。

開設・移転・廃止年月日	平成　年　月　日	給与支払を開始する年月日	平成　年　月　日

○届出の内容及び理由
（該当する事項のチェック欄□に✓印を付してください。）

		「給与支払事務所等について」欄の記載事項 開設・異動前	異動後
開設	□ 開業又は法人の設立		
	□ 上記以外 ※本店所在地等とは別の所在地に支店等を開設した場合	開設した支店等の所在地	
移転	□ 所在地の移転	移転前の所在地	移転後の所在地
	□ 既存の給与支払事務所等への引継ぎ（理由）□ 法人の合併　□ 法人の分割　□ 支店等の閉鎖　□ その他（　）	引継ぎをする前の給与支払事務所等	引継先の給与支払事務所等
廃止	□ 廃業又は清算結了　□ 休業		
その他（　）		異動前の事項	異動後の事項

○給与支払事務所等について

	開設・異動前	異動後
（フリガナ） 氏名又は名称		
住所又は所在地	〒　電話（　）　−	〒　電話（　）　−
（フリガナ） 責任者氏名		

従事員数	役員　人	従業員　人	（　）　人	（　）　人	（　）　人	計　人

（その他参考事項）

税理士署名押印　㊞

※税務署処理欄	部門		決算期		業種番号		入力		名簿等		用紙交付		通信日付印	年月日	確認印	

（規格A4）

23. 12改正　（源0301）

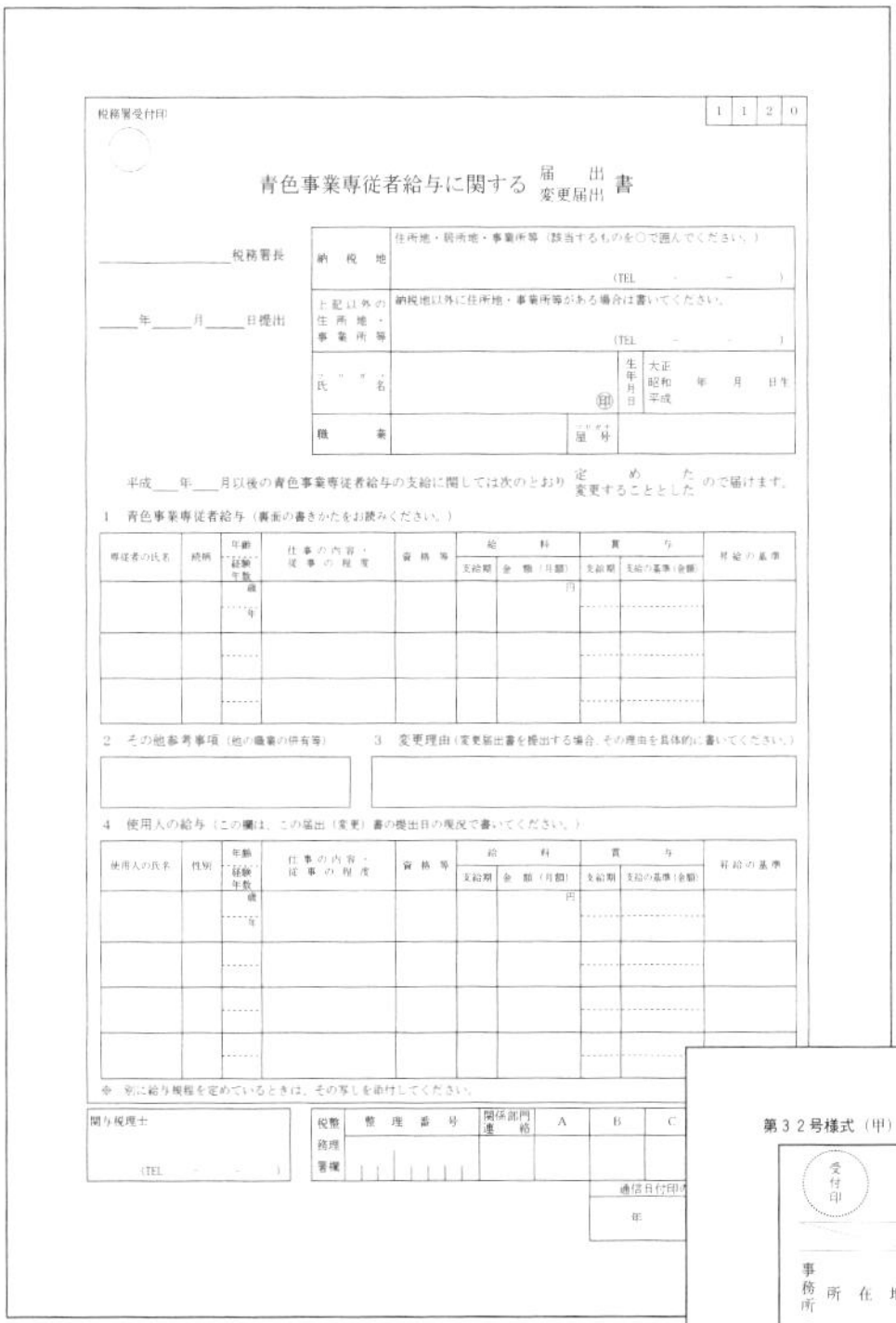

税務署受付印　1 1 2 0

青色事業専従者給与に関する 届出 / 変更届出 書

＿＿＿＿＿税務署長

＿＿年＿＿月＿＿日提出

納税地	住所地・居所地・事業所等（該当するものを○で囲んでください。）（TEL　－　－　）
上記以外の住所地・事業所等	納税地以外に住所地・事業所等がある場合は書いてください。（TEL　－　－　）
氏名	㊞　生年月日　大正 昭和 平成　年　月　日生
職業	屋号

平成＿＿年＿＿月以後の青色事業専従者給与の支給に関しては次のとおり 定めた / 変更することとした ので届けます。

1　青色事業専従者給与（裏面の書きかたをお読みください。）

専従者の氏名	続柄	年齢 経験年数	仕事の内容・従事の程度	資格等	給料 支給期	給料 金額（月額）	賞与 支給期	賞与 支給の基準（金額）	昇給の基準
		歳 年				円			

2　その他参考事項（他の職業の併有等）

3　変更理由（変更届出書を提出する場合、その理由を具体的に書いてください。）

4　使用人の給与（この欄は、この届出（変更）書の提出日の現況で書いてください。）

使用人の氏名	性別	年齢 経験年数	仕事の内容・従事の程度	資格等	給料 支給期	給料 金額（月額）	賞与 支給期	賞与 支給の基準（金額）	昇給の基準
		歳 年				円			

※　別に給与規程を定めているときは、その写しを添付してください。

関与税理士（TEL　－　－　）

税務整理欄　整理番号　関係部門連絡　A　B　C

通信日付印

④青色事業専従者給与に関する届出書

【概要】 青色事業専従者給与額を必要経費に算入しようとする場合の手続き

【提出時期】 基本的にその年の3月15日まで。1月16日以降、新たに開業した場合や専従者がいることとなった場合、その日から2か月以内

【提出先】 納税地を所轄する税務署長

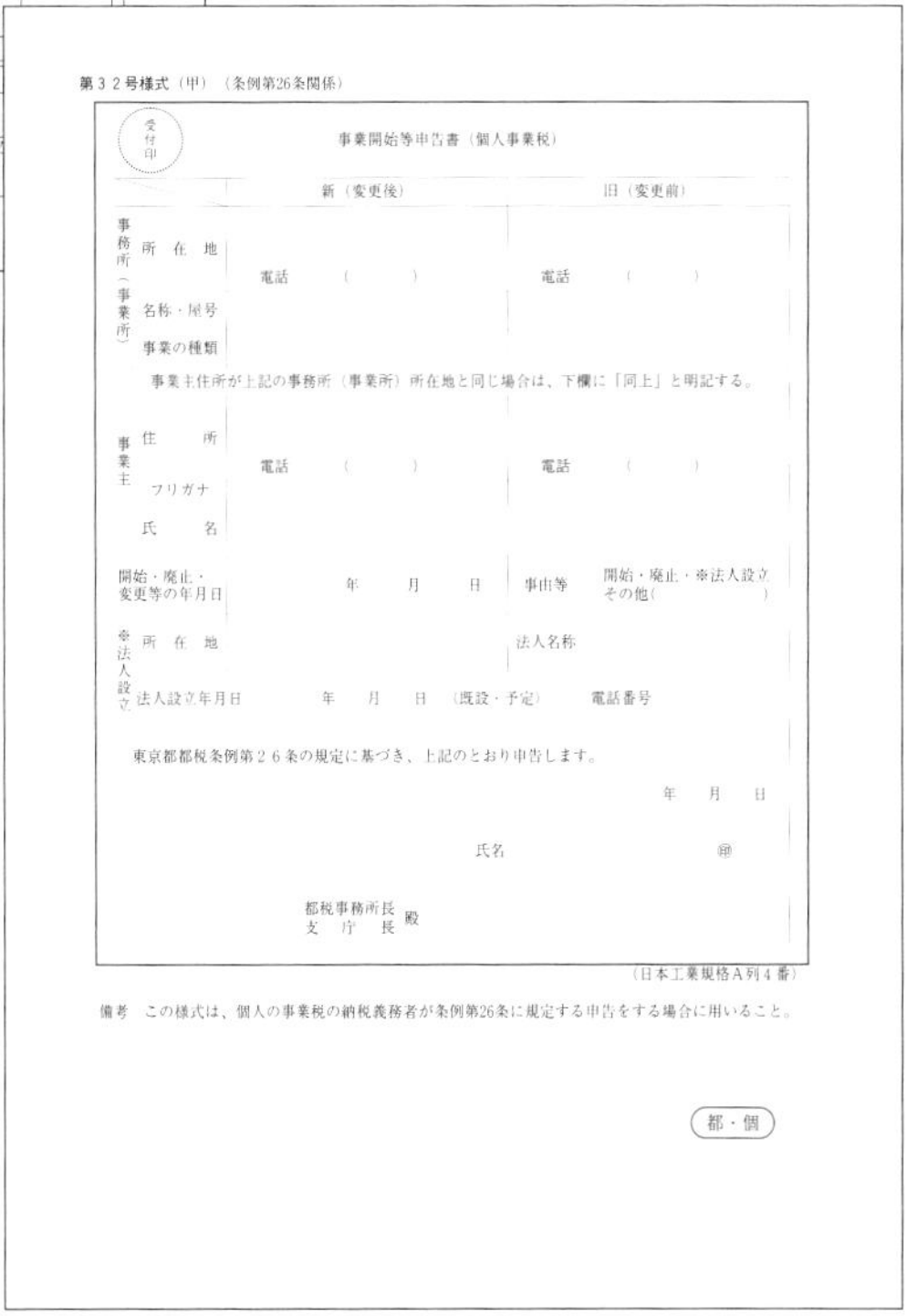

第３２号様式（甲）（条例第26条関係）

受付印

事業開始等申告書（個人事業税）

		新（変更後）	旧（変更前）
事務所（事業所）	所在地	電話（　　）	電話（　　）
	名称・屋号		
	事業の種類		

事業主住所が上記の事務所（事業所）所在地と同じ場合は、下欄に「同上」と明記する。

事業主	住所	電話（　　）	電話（　　）
	フリガナ		
	氏名		
開始・廃止・変更等の年月日		年　月　日	事由等　開始・廃止・※法人設立 その他（　　）
※法人設立	所在地		法人名称
	法人設立年月日	年　月　日（既設・予定）	電話番号

東京都都税条例第２６条の規定に基づき、上記のとおり申告します。

年　月　日

氏名　㊞

都税事務所長 / 支庁長　殿

（日本工業規格Ａ列４番）

備考　この様式は、個人の事業税の納税義務者が条例第26条に規定する申告をする場合に用いること。

（都・個）

⑤事業開始等申告書（東京都の例）

【概要】 国や自治体へ事業開始を知らせるための手続き

【提出時期】 事業の開始日から15日以内
※自治体により期限は異なる

【提出先】 事業所所在地の都道府県税事務所
※地域によっては管轄の各市区町村役場へも提出

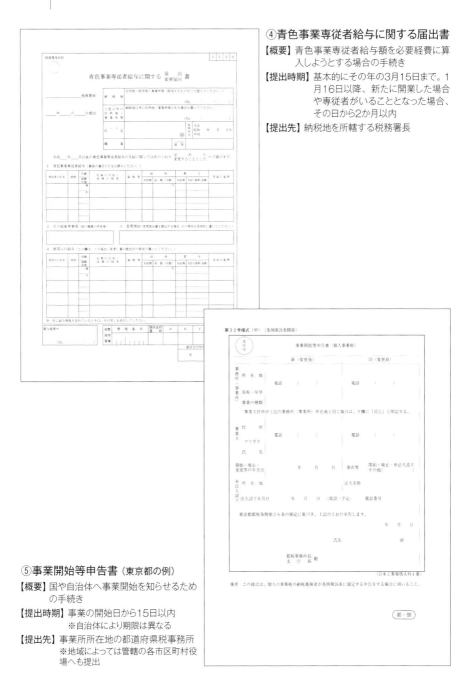

経営者が加入すべき労働保険と社会保険

美容室の経営者として、スタッフの社会的な保障をしなければなりません。経営者が加入すべき「労働保険」と「社会保険」の基礎知識について押さえておきましょう。

個人で加入する保険（生命保険や損害保険等）に加えて、美容室を経営し、従業員を雇用した場合には、労働保険に加入しなければなりません。美容室が個人事業の場合は社会保険の加入は任意ですが、法人の場合は従業員の有無にかかわらず加入しなければなりません。労働保険は「労災保険」と「雇用保険」で、社会保険は「健康保険」と「厚生年金保険」で構成されています。

労働保険について見てみよう

労災保険は、従業員（パートタイマー・アルバイト含む）を1人でも雇用していれば、適用事業となります。事業主は、加入手続きを行ない、労働保険料を納付しなければなりません。

雇用保険は、雇用した従業員の1週間の労働時間が20時間以上で31日以上の雇用の見込みがある場合には加入しなければなりません。

▼労災保険とは

労働者が業務上の事由または通勤によって負傷したり、病気に見舞われたり、あるいは不幸にも死亡した場合に、被災労働者や遺族を保護するために必要な給付を行なうための保険です。

労働保険・社会保険の手続き

労働保険や社会保険の制度内容や手続きは複雑で、はじめて開業する人が迷わず進めるのは難しいといえます。また、事業者（開業者）の費用負担もありますので、加入することで利益等にどれくらいの影響を与えるのかも考慮し検討しなければなりません。

加入をする際には、専門家（社会保険労務士等）に相談したうえで、手続きを進めることをおすすめします。

これらの制度は従業員スタッフに、よりよい環境を提供するためにあるものと考え、経営者として加入努力をしましょう。

美容室はハサミを使う仕事であり、他業種と比べると業務上負傷するリスクが高くなります。万が一のとき、事業主が責任を負い、治療費の全額を支払わなければならないこともありますので、内容を把握して加入手続きをしておきましょう。

労働保険の手続き

・保険関係成立届

【提出時期】保険関係が成立した日（事業を開始した日）から10日以内
【提 出 先】労働基準監督署（所轄）

・概算保険料申告書

【提出時期】保険関係が成立した日（事業を開始した日）から50日以内
【提 出 先】労働基準監督署（所轄）、もしくは都道府県労働局（所轄）
日本銀行（本店、支店、代理店もしくは歳入代理店（全国の銀行、信用金庫の本店または支店、郵便局））

・雇用保険適用事業所設置届

【提出時期】保険関係が成立した日（事業を開始した日）の翌日から10日以内
【提 出 先】所轄の公共職業安定所（ハローワーク）

・雇用保険被保険者資格取得届

【提出時期】被保険者となった日の属する月の翌月10日まで
【提 出 先】所轄の公共職業安定所（ハローワーク）

▼雇用保険とは

労働者が失業した場合および労働者について雇用の継続が困難となる事由が生じた場合に、労働者の生活や雇用の安定を図るため、そして、教育訓練や再就職を促進するために必要な給付を行なうものです。

社会保険について見てみよう

社会保険は、健康保険と厚生年金保険の2つから構成されています。

健康保険および厚生年金保険は、法人および法律で決められた要件を満たす個人事業所では強制適用となっており、適用事業所で働く労働者は被保険者となります。パート・アルバイトでも、労働時間および労働日数が法で定められた時間・日数以上であれば加入義務があります。なお、保険料は事業主と労働者が折半で負担します。

▼健康保険とは

健康保険は、労働者とその家族が病気やケガをしたとき、出産をしたとき、または亡くなったとき等に、必要な医療給付や手当金の支給をすることで、生活を安定させることを目的とした制度です。病院にかかるときの保険証は健康保険に加入することによって発行されます。

▶厚生年金保険

厚生年金保険とは、労働者が老齢（一定年齢）になって働けなくなってからの年金支給のため、または病気やケガによって労働者が死亡したり、身体に障害が残り働けなくなった際に、本人または遺族に対しての給付を目的とする保険です。厚生年金保険は、国民年金の支給額に加えて、さらに上乗せして年金を給付する制度です。

社会保険に加入できない美容室の現状

労働保険（労災保険・雇用保険）には加入しているが、社会保険には加入していないという美容室がまだ多いのが現状です。社会保険に加入することで経営に対する負担は増えますので、美容室にとっては経営を圧迫することもあります。スタッフのために加入したいものの、なかなか踏み切れない理由がそこにあります。

しかし、慢性的な人手不足の美容室業界で生き残るためには、スタッフがより働きやすい環境を提供することが必要です。

売上向上、経費削減、雇用形態や給与制度の見直しなど、様々な点を改善し、社会保険への加入を検討しましょう。

社会保険の手続き ※美容室の個人事業は任意

・健康保険・厚生年金保険新規適用届

【提出時期】事業所が健康保険、厚生年金保険に適用されることになった場合、事実発生から5日以内
【提 出 先】事業所の所在地を管轄する年金事務所

・健康保険・厚生年金保険被保険者資格取得届

【提出時期】従業員を採用した場合等、新たに健康保険及び厚生年金保険に加入すべき者が生じた場合に、事実発生から5日以内
【提 出 先】事業所の所在地を管轄する年金事務所

・健康保険被扶養者（異動）届

【提出時期】事実発生から5日以内
【提 出 先】事業所の所在地を管轄する年金事務所

※上記以外にも必要に応じて申請すべき書類があるので、社会保険の手続きを進める際は、事業所の所在地を管轄する年金事務所へ問い合わせのこと。

7×4

美容室運営を効率化するシステム

美容室運営をより効率的に行なうために、様々なシステムが開発されています。自店舗の経営状態を的確に把握するため、また、お客様の利便性を高めるために活用しましょう。

売上管理・顧客管理をシステム化美容室向けＰＯＳ（ポス）システム

ＰＯＳとは「Point Of Sales」の頭文字をとったもので、日本語では「販売時点情報管理」と訳されます。レジスターと比較されることがありますが、レジスターは売上の数値のみを管理するのに対し、ＰＯＳは「いつ」「誰が」「何のメニューで」「いくらで」といった複合的な情報を管理するシステムです。

とくに美容室向けＰＯＳシステムは、コンビニ等の小売り業態のＰＯＳシステムに比べて、顧客の情報管理機能に特化しています。来店日時、担当者、施術内容が確認できるカルテ情報などをはじめ、過去の累計売上など全てがデータベース化されます。これにより顧客管理や分析をはじめ、
日々の集計にかかる業務時間の短縮や人員コストの削減、経営に重要とされる各種数値データ分析など、美容室経営に必要とされるツールが網羅されています。できることが多いツールだけに、何を重視して管理をしたいのかといった機能面のほか、操作性、拡張性など、コストとのバランスを意識しながら選定しましょう。
美容室向けシステムの主な機能

予約管理	予約表示、管理、カルテ、履歴閲覧、CTI（電話着信時のPOP UP機能）、ネット予約管理
売上管理	レジ会計、日報・月報印刷、レジ締め等
顧客管理	顧客情報管理、施術写真、購入履歴等
帳票出力	各種売上情報の出力
分析	リピート分析や各種売上分析
スタッフ管理	シフト、スタッフ別売上等
在庫管理	施術、販売商品の管理
ポイント管理	ポイント付与・履歴等

サロン運営には必須の予約システム

今やサロン運営になくてはならないのがネット予約システムです。ネット予約システムは「ポータル型」と「オウンド型」の二つに大別されます。

ポータル型は、複数のサロンが集合している大規模なネット予約システムとなり、多数の顧客に対して情報を発信することができるのが特徴です。

オウンド型は、サロンが自社専用のネット予約システムを持つことにより、顧客データを自社のものとして保有することでき、顧客の囲い込みやサロンのファンを増やすためには優位なツールとなります。

掲載するだけで多くの会員へアプローチできるポータル型に対して、オウンド型では予約サイトを公開しただけでは認知されることはありません。拡散力を持ち合わせる、フェイスブックやインスタグラム、グーグルマイビジネス等のツールと組み合わせることが予約数アップへの重要な鍵となります。

新規集客に強いポータル型、顧客の囲い込みに強いオウンド型、双方の良い部分を取り入れたいという場合はポータル型とオウンド型のネット予約を相互で連携できるシステムもあるので、予算に応じて検討するとよいでしょう。

キャッシュレス決済は売上増のために導入必須

サロンの売上を左右する要素の一つに「決済手段」があります。現金ではない、クレジットカードやデビットカード、電子マネーやスマートフォンを利用したQRコード決済などの支払方法、いわゆるキャッシュレス決済は様々な業種で広がっています。

もちろんサロン運営においてもキャッシュレス決済は当たり前になりつつあり、キャッシュレス決済のみ、つまりは現金での支払いができないサロンも誕生してきています。

サロンでお客様がキャッシュレス決済で支払いを行なうと、サロン側は基本的には会計金額から決済手数料が差し引かれた金額が決済会社から入金されます。手数料が取られることと入金までにタイムラグがある点がデメリットですが、それ以

ネット予約のタイプ別比較

	ポータル型	オウンド型
メリット	・新規顧客獲得に強い ・多くの人に情報を見てもらえる	・低コストで運用できる ・既存顧客の囲い込みができる
デメリット	・コストがかかる　・他店と比較される ・価格競争になりやすい	・新規獲得に対する期待は薄い ・SNSでの拡散知識が必要で作業負担が重い

キャッシュレス支払い手段の例

	プリペイド（前払い）	リアルタイムペイ（即時払い）		ポストペイ（後払い）
主なサービス例	電子マネー（交通系・流通系）	デビットカード（銀行系・国際ブランド系）	モバイルウォレット（QRコード・NFCなど）※プリペイ、ポストペイ可能	クレジットカード（磁気カード、ICカード）
特徴	利用金額を事前にチャージ	リアルタイム取引	リアルタイム取引	後払い、与信機能
加盟店への支払いサイクル	月2回など	月2回など	即日、翌日、月2回、などさまざま	月2回など
主な支払い方法	タッチ式（非接触）	スライド式（磁気）読込み式（IC）	カメラ、スキャナ読込み（QRコード、バーコード）タッチ式（非接触）	スライド式（磁気）読込み式（IC）

（出典）経済産業省キャッシュレスビジョン（検討会事務局資料）

上に、お客様にキャッシュレス決済の選択肢が無いことで、機会損失に結び付くことのほうがサロンの不利益になるといえます。

たとえば、現金払い限定のサロンでは、お財布に5000円しか持ち合わせがないお客様が来店された場合、最大の単価は5000円です。しかし、キャッシュレス決済が可能であれば、営業努力によって単価がアップできたり、店販商品を購入してもらえる可能性も広がります。

サロン選定の選択肢の一つとして、キャッシュレス決済を条件と考えるお客様も増えているので、代表的なキャッシュレス決済手段は導入しておきましょう（上表参照）。

キャッシュレス決済で注意点したいのは、現金がすぐに手元に入らない点です。多くの場合は月2回のタイミングで指定口座へ振り込まれるしくみとなります。たとえば、1～15日の決済であれば月末振込といった具合です。

サロン経営では、仕入れ商品や家賃、給与などの支払いがありますが、支払日に会社に現金が無いという事態がないよう、これまで以上に資金繰りには注意する必要があります。

7×5

様々なリスクに対応するサロン保険

美容室を運営していく際には、施術事故や火災、盗難など、様々なリスクが考えられます。被害を最小限に食い止めるため、事前に予想できるリスクはできる限り取り除いておきましょう。

美容室経営は、実に多くのリスクと隣り合わせです。「ヘアーカット中にお客様の耳を切ってしまった」「カラーリングでお客様の洋服を汚してしまった」「店舗の段差でお客様が転び、ケガをした」…など、普段は気がつきにくい部分にまでリスクは広がっています。

火災保険などの一般的な損害保険に加えて、施術中に引き起こしてしまう事故に対する保険や、店舗施設内で発生した身体障害・財物損壊の賠償損害をカバーする保険など、現在では「サロン保険」と呼ばれるものは多岐にわたっています。

経営者にとって、リスクマネジメントは経営の一部です。安心して美容室を運営するためにも、何か起きてしまった時に責任を果たすためにも、必要な保険には加入しておいたほうが得策でしょう。

美容室で加入しておきたい6つの店舗賠償責任補償

①施術事故補償

美容室での施術行為に起因する身体障害・財物損壊の賠償損害を補償する保険

【例】

・ヘアーカット中にお客様の耳を切ってしまった

・カラーリングでお客様の洋服を汚してしまった

・まつ毛パーマ・エクステで目に薬液を垂らしてしまい、お客様が病院に通院した

・スチーマーが湯飛びし、お客様に火傷を負わせてしまった

※ただし、医療行為に起因する損害については保険金の支払対象とならない

②店舗管理事故補償

店舗施設内で発生した身体障害・財物損壊の賠償損害を補償する保険

【例】

・店舗の段差でお客様が転び、ケガをさせてしまった

・濡れた床でお客様が滑り、ケガをさせてしまった

③生産物賠償補償（PL補償）

店舗で販売・提供した商品に起因する身体障害・財物損壊の賠償損害を補償する保険

【例】

・販売した化粧品がお客様の肌に合わず、肌荒れを起こし、病院で治療を受けた

・販売したシャンプー剤がお客様の頭皮に合わず、炎症を起こしてしまった

④一時預かり品補償

美容室で預かったお客様の荷物の紛失・損傷・盗難等に対する賠償損害を補償する保険

【例】

・預かっていたお客様のかばんを紛失してしまった

・預かっていたお客様のコートを汚してしまった

⑤火災・盗難損害補償

保険の対象の店舗での火災事故、空き巣による盗難損害等や建物オーナーへの賠償責任・修理費用を補償する保険

【例】

・火災により店舗の一部が焼け崩れてしまい、そ

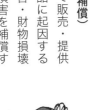

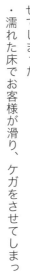

の部分の復旧工事を行なわなければならない。また、大家さんに対して賠償が発生した
・お店に泥棒が入ってレジの現金が盗まれた

⑥休業損害補償

火災や水濡れ事故などで休業した場合の損失を補償する保険

【例】
・火災などの被害の修理のため、店舗を休業しなくてはならなくなった
・シャンプー台の水濡れ事故により、修理のため店舗を休業しなくてはならなくなった

サロン保険の選び方

保険料および保険金額の設定に関しては、各保険会社のプランや自店舗の規模や従業員数などの諸条件で変わります。

保険料は、年間でも経費を圧迫するような大きな金額ではありません。万が一のリスクを回避するためにも、美容室に合った保険に加入することをおすすめします。

お客様や店舗近隣住民等の第三者への損害賠償を補償する賠償責任保険でも、店舗の資産（設備・什器や機材等）を守る火災保険にしても、保険に加入する時は、まず美容室を運営するうえで抱えるリスクや周囲の環境を把握することが重要です。

その状況や不安点に重点を置いて保険の種類を選び、保険金額の設定をすることで、結果として無駄な保険料を抑えながら必要な部分に十分な補償が得られる保険を選ぶことができます。

監修

全体監修　㈱ビューティガレージ代表取締役CEO 野村秀輝
P46、7-2　税理士法人みなと東京会計（税理士・公認会計士　貝沼彩）
7-3　社会保険労務士法人シェルパコンサルティング（社会保険労務士　真栄城隆信）
1-4、6-4　リードブレーン㈱代表取締役（中小企業診断士／社会保険労務士／行政書士　皆川知幸）
P101-104　株式会社日本政策金融公庫　谷藤徹

執筆者リスト（店舗デザイン&設計・施工監督）

Prologue

■店舗実例

Case1（SUNVALLEY）
㈱ビューティガレージ・コンシェルジュ室（鴨川努）／デザイナー・栃折美里
Case2（SHEA.）
㈱ビューティガレージ・コンシェルジュ室（安斎智彦）／デザイナー・清水隆之
Case3（CAPH HAIR SALON）
㈱ビューティガレージ・コンシェルジュ室（原田菜摘）／デザイナー・野本友輝
Case4（Maackia）
㈱ビューティガレージ・コンシェルジュ室（安斎智彦）／デザイナー・中野泰明
Case5（3rd COLOR）
㈱ビューティガレージ・コンシェルジュ室（原田菜摘）／デザイナー・土井章寛
Case6（noir hair design）
㈱ビューティガレージ・福岡ショールーム（本橋昌大）／デザイナー・高桑慶彦
Case7（Hair & Make TRUTH）
㈱ビューティガレージ・コンシェルジュ室（鴨川努）／デザイナー・山崎拓治
Case1～7
店舗設計デザイン・施工監督　㈱タフデザインプロダクト

■販促ツール実例

P24-29
㈱ビューティガレージ・コンシェルジュ室（齊藤政則）

第1章、第2章　㈱ビューティガレージ・コンシェルジュ室（安斎智彦）
第3章　3-1～2、3-6　㈱ビューティガレージ・コンシェルジュ室（鴨川努）
3-3～5　㈱ビューティガレージ・コンシェルジュ室（齊藤政則）
第4章　㈱ビューティガレージ・コンシェルジュ室（鴨川努）

第5章　5-1~2　㈱ビューティガレージ・不動産事業チーム（佐久間祥一）
5-3　㈱ビューティガレージ・コンシェルジュ室（原田菜摘）
5-4~6　㈱タフデザインプロダクト（デザイナー・山崎拓治）
第6章　㈱ビューティガレージ・コンシェルジュ室（執行るり子）
第7章　7-1~3　㈱ビューティガレージ・コンシェルジュ室（原田菜摘）
7-4　㈱ビューティガレージ・システム・決済・保険チーム（小國俊淳）
7-5　㈱ビューティガレージ・システム・決済・保険チーム（若林弥）

協力サロン

Prologue ● 店舗実例

SUNVALLEY	東京都港区南青山
SHEA.	東京都渋谷区神宮前
CAPH HAIR SALON	東京都杉並区梅里
Maackia	東京都中央区日本橋
3rd COLOR	東京都世田谷区桜丘
noir hair design	福岡県福岡市中央区平尾
Hair & Make TRUTH	台湾台北市士林区

Prologue＆第３章 ● 販促ツール実例

KIRRA HAIR	神奈川県横浜市磯子区磯子
Pelo	東京都江戸川区西葛西
ete HAIR SALON	埼玉県蓮田市藤ノ木
hair garden 10dereess	千葉県千葉市美浜区打瀬
Cafune Hair By T2	群馬県北群馬郡吉岡町
Alto	東京都渋谷区神宮前
Largean	東京都北区赤羽
Origins hair design	茨城県取手市戸頭
ReRy HAIR	埼玉県狭山市新狭山
Amy hair design	埼玉県川口市
HAIR DESIGN vif	東京都世田谷区赤堤

㈱ビューティガレージ　サロン開業経営相談室

㈱ビューティガレージは、年間約600サロンの開業支援やセミナー活動を通じて、理想のサロンづくりのサポートをしている。同社は、美容業界最大級のインターネット卸サイト「BEAUTY GARAGE Online Shop」を軸に、カタログ通販誌「BG STYLE」、全国のショールームにて、理・美容サロンに必要なありとあらゆる美容商材を提供している。
さらに開業経営支援メニューとして、開業プロデュース、資金調達サポート、店舗設計デザイン・施工、店舗リース、不動産物件仲介、M&A・事業譲渡仲介、POSシステム導入、サロン向け保険、集客支援、クレジット決済導入、セミナー・講習会運営、海外進出支援といった幅広いサービスを行なっている。2016年7月東証一部上場。代表取締役CEO・野村秀輝（のむら・ひでき）。

コンセプトの作《つく》り方《かた》から資金調達《しきんちょうたつ》、店舗《てんぽ》デザイン、集客《しゅうきゃく》まで

最新《さいしん》　失敗《しっぱい》しない美容室開業《びようしつかいぎょう》BOOK《ぶっく》

2014年１月20日　初 版 発 行
2020年２月20日　最新２版発行

著　者　㈱ビューティガレージ サロン開業経営相談室

発行者　杉本淳一

発行所　株式会社日本実業出版社　東京都新宿区市谷本村町3-29 〒162-0845
大阪市北区西天満６－８－１ 〒530-0047
編集部 ☎03-3268-5651
営業部 ☎03-3268-5161　振 替 00170-1-25349
https://www.njg.co.jp/

印 刷／堀内印刷　製 本／共 栄 社

この本の内容についてのお問合せは、書面かFAX（03－3268－0832）にてお願い致します。
落丁・乱丁本は、送料小社負担にて、お取り替え致します。

ISBN 978-4-534-05763-1　Printed in JAPAN

日本実業出版社の本

売上を伸ばす・利益を出す

やさしくわかる「お店の数字」

山田　公一

定価 本体1400円(税別)

毎日何人のお客様からいくら売り上げればいいか、在庫はどれくらい必要か、いくらまで値下げしても損しないか……。「お店の数字」をしっかり押さえて、売上・利益をアップさせるコツを紹介する。

数学女子　智香が教える

〈マンガ〉仕事で数字を使うって、こういうことです。

深沢　真太郎

定価 本体1300円(税別)

大好評書籍のコミック化。アパレル企業に勤める木村に、数学女子・智香が数字で考える意味や面白さを伝えていく。課題をクリアしながらセンスと勘を身に付けた木村は、仕事の成果を上げていく！

低リスクで開業する「場所」と「デザイン」の鉄則

繁盛店をつくる立地選び

﨑元　則也

定価 本体1600円(税別)

“一等地なら必ず儲かる”は大間違い！中小のお店なら、家賃が割安で一定の集客が見込める「お宝立地」を選ぶのがベスト。立地の見極め方から「店舗デザイン」のコツなど繁盛店の鉄則を公開！

500店舗を繁盛店にしたプロが教える

3か月で「儲かる飲食店」に変える本

河野　祐治

定価 本体1600円(税別)

自分なりに頑張っても儲からない飲食店オーナーや店主に、「儲かる店」に変えるためのノウハウを公開。自己流や聞きかじりの手法では店は繁盛しない。繁盛店になるための発想と具体手法が満載！

定価変更の場合はご了承ください。